معجزات عقلك

د. جوزيف ميرفي

دار منجول للنشر

نُشر لأول مرة من قبل

دار منجول للنشر المحدودة

C-16، القطاع 3 نويدا، أُتَّر بُرَديش، 201301، الهند.

الموقع الإلكتروني: www.manjulindia.com

المكتب المسجل:

10، نيشات كولوني، بهوبال 003 462 – الهند

الموزع الحصري

مكتبة بوك لاند

صندوق بريد: 47870، أبوظبي، الإمارات العربية المتحدة

البريد الإلكتروني: salim@booklandbooks.com

الموقع الإلكتروني: www.booklandbooks.com

الترجمة العربية لكتاب Miracles of Your Mind بقلم الدكتور جوزيف ميرفي

حقوق النشر لشركة JMW Group, Inc ©.، نيويورك

هذه النسخة مرخّصة من The Joseph Murphy Trust

نُشرت هذه الطبعة لأول مرة في عام 2022

ISBN 978-93-89143-48-5

ترجمة لمياء عابد

تحرير وتدقيق فاتن مفيد بو حمدان

تصميم النسخة العربية: عفراء عزام

الطباعة والتجليد في الهند في Repro India Ltd.

المحتويات

الفصل الأول
كيف يعمل عقلك

يملك الإنسان عقلًا واحدًا، ولكن هناك طوران أو وظيفتان لذلك العقل الوحيد. ويتميز كلُّ طور بظاهرة خاصة به فريدة بحدِّ ذاتها. ويستطيع كلُّ واحد من هذين العقلين أنْ يعمل بصورة مستقلَّة فضلًا عن قدرتهما على العمل بصورة متزامنة، نُسمّي أحدهما العقل الموضوعي لأنَّه يتعامل مع الأشياء الخارجية، بينما نُسمّي الآخر العقل الذاتي. ويخضع العقل الذاتي لسيطرة وتحكُّم إيحاءات العقل الموضوعي أو الواعي. ويكون العقل الموضوعي على إدراك للعالم الموضوعي.

إنّ وسائط الملاحظة هي الحواس الخمس. ويكون العقل الموضوعي دليلك في تواصلك مع البيئة. ونكتسب المعرفة من خلال الحواس الخمس، إذ يتعلَّم العقل الموضوعي من خلال الملاحظة والخبرة والتعليم. وتتمثل أعظم وظيفة للعقل الواعي في الاستدلال العقلي.

إذا تجوَّلت في لوس أنجلوس، فستصل إلى استنتاج بأنَّها مدينة جميلة استنادًا إلى ملاحظتك للحدائق والمباني والبُنى الجميلة وحدائق الزهور الرائعة وغير ذلك. إنّ ذلك هو عمل عقلك الواعي أو الموضوعي.

إنَّ كلمة "موضوعي" تعني أنَّه يتعامل مع أشياء موضوعية. أمّا العقل الذاتي، فيستمدُّ ملاحظته من البيئة المحيطة به عبر وسائل مستقلة عن الحواس الخمس، فالعقل الذاتي أو العقل الباطن – يمكن استخدام أيٍّ من المصطلحين – يحصل على معرفته من خلال الحدس، فالعقل الباطن هو مكمن العواطف. ونعلم من دون أدنى شكٍّ أنَّه يؤدي أرقى وظائفه عندما تكون الحواس الموضوعية متوقِّفة.

إنَّ العقل الباطن هو الذكاء الذي يُظهر نفسه عندما يتوقَّف العقل الواعي أو يكون في حالة من الخمول أو النعاس. إنَّه يرى من دون استخدام العينين، فهو يتمتع بالقدرة على

الجلاء البصري والجلاء السمعي. ويمكن للعقل الباطن أنْ يغادر الجسد، ويسافر إلى أراضٍ بعيدة، ويعود في كثير من الأحيان بذكاء يتَّصف بالدقة والإخلاص. ومن خلال العقل الباطن، يمكنك قراءة أفكار الآخرين حتى أدقُّ التفاصيل، وقراءة محتويات المظاريف المختومة والخزنات المغلقة.

يتمتع العقل الباطن بالقدرة على استيعاب أفكار الآخرين من دون استخدام وسائل التواصل العادية الموضوعية، لذلك فإنَّ من الأهمية بمكان أنْ نفهم التأثير المتبادل بين العقل الواعي والباطن من أجل تَعلُّم فنّ الدعاء الحقيقي.

هناك الآن الكثير من المصطلحات المستخدمة لوصف العقلين الموضوعي والذاتي، وهي: العقل الواعي والباطن، والعقل المستيقظ والنائم، والأنا السطحية والأنا العميقة، والعقل الطوعي والعقل اللاطوعي، والذكر والأنثى، والعديد من المصطلحات الأخرى. ولكنْ تذكر، هناك عقل واحد فقط لديه طوران أو وظيفتان.

يخضع العقل الذاتي بصورة دائمة للإيحاءات، إذ يجري التَّحكُّم به عن طريق الإيحاءات. كما يجب أنْ ندرك أنَّ العقل الباطن يقبل جميع الإيحاءات، فهو لا يجادلك، بل

يلبّي رغباتك. وكلُّ الأشياء التي حدثت لك هي مبنيّة على أفكار طُبِعت في العقل الباطن من خلال الاعتقاد، فهو يتقبّل جميع معتقداتك وقناعاتك.

إنّه مثل التربة، سيقبل أيَّ بذرة تودِعُها فيها، سواء أكانت صالحة أم سيئة. تذكَّر: أيّ شيء ترى أنّه صحيح وتؤمن به سيلقى القبول من عقلك الباطن، وسيجري إدخاله إلى حياتك بوصفه حالة أو تجربة أو حادثة، حيث تُنقَلُ العواطفُ إلى العقل الباطن من خلال الشعور.

لنستخدم مثالًا: العقل الواعي هو مثل الربّان أو الرجل في برج القيادة في سفينة؛ إنّه يوجِّه السفينة، ويرسل الأوامر إلى الرجال في غرفة المحرك، التي تضمّ جميع المراجل والمعدات وأجهزة القياس وغير ذلك. لا يعرف الجالسون في الغرفة إلى أين هم ماضون؛ إنّهم ينفِّذون الأوامر. قد يصطدمون بالصخور إنْ أصدر الرجل في برج القيادة تعليمات مغلوطة أو خاطئة استنادًا إلى النتائج التي توصل إليها بواسطة البوصلة وآلة السدس أو معدات أخرى، فالرجال في غرفة المحرك يطيعونه لأنّه هو الموجِّه، وهم ولا يتحدّونه، بل هم ببساطة ينفِّذون الأوامر.

إنَّ القبطان هو سيِّد السفينة، وتكون أوامره نافذة، وبالمثل فإنَّ عقلك الواعي هو القبطان؛ سيِّد السفينة. بينما يُمثِّل جسدك وجميع شؤونك السفينة. ويتلقى عقلك الباطن الأوامر التي تصدرها إليه بناءً على اعتقادك ويُنظر إلى إيحاءاتك بوصفها حقيقة.

وهناك مثال بسيط آخر: عندما تقول للناس مرارًا: "أنا لا أحبُّ الفِطر"، ثمَّ يأتي وقت يُقدَّم فيه الفطر إليك، وتُصاب بعُسر هضم، فهو لأنَّ عقلك الباطن يقول لك: "السيّد لا يُحبّ الفطر". قد يكون هذا المثال مضحكًا بالنسبة لك، ولكنَّه مثال على العلاقة بين العقل الواعي والباطن.

وعندما تقول إحداهن: "أنا أظلُّ مستيقظة حتى الساعة 3 إذا شربت القهوة في الليل"، ففي كلِّ مرة تشرب فيها القهوة، يوقظها العقلُ الباطن، كما لو كان يقول: "يريد السيّد منكِ أنْ تظلّي مستيقظة الليلة".

كان القلب يُسمّى العقل الباطن في القصص الرمزية القديمة. فقد عرَّف المصريون أنَّ القلب هو العقل الباطن، ولكنَّهم لمْ يسمّوه بذلك الاسم. كما أطلق الكلدانيون والبابليون عليه أسماء مختلفة. إنَّ بإمكانك إقناع عقلك الباطن، وسوف

يعبِّر عقلك الباطن بما أقنعته به. فأيُّ فكرة يتم إضفاء الصفة العاطفية عليها، أو تُرى بأنَّها صحيحة، سيتقبَّلها العقل الباطن.

إذا كنت تريد الشفاء على سبيل المثال، امتنع عن الكلام واسترخِ وتخلَّصْ من القلق، وعطِّل انتباهك، وفكِّر في قوَّة الشفاء ضمن عقلك الباطن، وليكنْ لديك يقين بأنَّ العضو في الجسد يُشفى الآن. وبينما تقوم بذلك، يجبْ ألَّا يكون هناك استياء أو مرارة في قلبك، بل يجبْ أنْ تُسامح الجميع. ويمكنك أنْ تكرِّر عملية العلاج تلك ثلاث أو أربع مرات في اليوم. وتذكر أنَّ عقلك الباطن هو من صنع الجسد، وأنَّ بإمكانه أن يشفيه كذلك. دائمًا ما يعزم بعضهم على علاج عضو، أو جزء من جسدهم، ثمَّ بعد 10 أو 15 دقيقة يقولون: "آه، حالتي تزداد سوءًا؛ لنْ أُشفى إطلاقًا. الشفاء عصيٌّ عليَّ". إنَّ هذا الموقف العقلي وتلك العبارات السلبية تُحيِّد العزم الإيجابي السابق.

إذا أجرى لك جرَّاحٌ عملية جراحية، واستأصل الزائدة الدودية، وبعد دقائق قليلة عاد مُسرعًا وفتح جُرحك مرة أخرى ليرى كيف تسير الأمور معك، ثمَّ عاد مُسرعًا بعد نصف ساعة أخرى وفتح جُرحك مرة أخرى، فإنَّه قد يتسبَّب في مقتلك بالتَّسمُّم. أنت تقتل أو تمنع عن نفسك الشفاء باستخدام العبارات السلبية.

هناك عقل باطن في داخلك، يجب أنْ تتعلَّم كيف تستخدمه بالطريقة نفسها الذي يتعلم فيها الشخص استخدام الكهرباء؛ يتحكَّم البشر بالكهرباء باستخدام الأسلاك والأنابيب والمصابيح، إضافة إلى معرفتهم بقوانين التوصيل والعزل وغير ذلك. يجب أنْ نعرف بالقوة الهائلة والذكاء في داخلنا وأنْ نستخدمهما بصورة حكيمة.

بدأ كثير من الناس يُدركون الأهمية الحقيقية للعقل الباطن. ففي الأعمال، يستخدمه كثيرون لتحقيق النجاح والارتقاء. فقد استخدم إديسون وفورد وماركوني وأينشتاين وكثيرون غيرهم العقل الباطن، وقد منحهم البصيرة والمعرفة الضرورية لجميع إنجازاتهم العظيمة في العلوم والصناعة والفن. وأظهرت الأبحاث أنَّ القدرة على تفعيل القوى الباطنية كان العامل الحاسم في نجاح جميع العاملين العظماء في مجالي العلوم والأبحاث. إنَّ هناك مصدرًا هائلًا للطاقة في داخلك، ويمكنك استخدامه. ويمكنك كذلك أنْ تتحرر بصورة كاملة من التوتر والإحباط، ويمكنك أنْ تستكشف الطاقة الوفيرة في داخلك، وهو ما سيمكِّنك من تنشيط وبثِّ الحيوية في جميع أجزاء جسدك.

على سبيل المثال، قيل لنا إنِّ الكاتب ألبرت هابارد قد أعلن أنَّ أهمَّ أفكاره جاءته بينما كان مسترخيًا، أو يعمل في الحديقة، أو ذاهبًا في نزهة؛ السَّبب أنَّه عندما يكون العقل الباطن مسترخيًا، تبرز الحكمة الذاتية. وهناك في كثير من الأحيان تدفقَات إلهاميَّة عندما يكون العقل الواعي مسترخيًا تمامًا.

كمْ مرة فكَّرت فيها في الليل في حلِّ مشكلة ما، وعندما حوَّلت الطلب إلى العقل الباطن، أعطاك الحلَّ في الصباح. هذا هو معنى القول المأثور القديم "الليل يجلب معه المشورة". إذا أردت أنْ تستيقظ في الساعة 7 صباحًا، وأوحيت بالساعة 7 إلى العقل الباطن، فسيوقظك في الساعة 7 تمامًا.

وإذا كانت أمٌّ تعتني بطفل مريض، وذهبت للنَّوم، ولكنْ قبل أنْ تذهب أوحت للعقل الباطن بأنَّها سوف تستيقظ إذا ارتفعت درجة حرارة الطفل، أو عندما يحتاج إلى دواء، أو ربَّما عندما يبكي. قد يكون هناك عاصفة رعدية في أثناء نوم الأم، ولكنَّ العاصفة لا توقظها. أمَّا عندما يبكي الطفل، فتستيقظ على الفور. إنَّ ذلك هو أحد الوظائف البسيطة للعقل الباطن.

الفصل الثاني
العقل الباطن والصحة

إنَّ موضوع العلاجات العقلية يُثير اهتمامًا واسع النطاق في جميع أنحاء العالم في الوقت الراهن. فقد بدأت أعين الناس تتفتَّح تدريجيًا على القوى العلاجية الكامنة في عقولنا الباطنة. ومن الحقائق المعروفة جيِّدًا أنَّ جميع المدارس العلاجية المختلفة تطبِّق العلاجات ذات الطابع الأكثر روعة. والإجابة عن كلِّ ذلك هو أنَّ هناك مبدأ علاجيًا عالميًا واحدًا؛ إنّه العقل الباطن، وطريقة شفاء واحدة وهي الإيمان. ولذلك فقد قال براكِلْسوس هذه الحقيقة العظيمة: "سواء أكان الباعث على إيمانك حقيقًا أم مُزيَّفًا، فإنَّك على الرَّغم من ذلك ستحصل على النتائج نفسها".

إنَّ من الحقائق الثابتة أنَّ حالات الشفاء قد وقعت في أضرحة مختلفة في أنحاء العالم، مثل اليابان والهند وأوروبا والقارة الأمريكية. ستجد الكثير من النظريات المختلفة اختلافًا شاسعًا، وتقدِّم كلُّ واحدة منها أدلَّةً دامغة على الشفاء. من الواضح للمتأمل أنَّ هناك من دون شك مبدأ كامن مشترك بينها جميعها. وبصرف النَّظر عن الموقع الجغرافي أو الوسائل المستخدمة، هناك مبدأ علاجيٌّ وحيد، وطريقة جميع حالات الشفاء هي الإيمان.

أول شيء يجب أنْ تتذكَّره هو الطبيعة المزدوجة لعقلك. يخضع العقل الباطن دائمًا لسلطة الإيحاء، فضلًا عن أنَّه يتمتَّع بسيطرة كاملة على وظائف جسدك وحالاته وأحاسيسه.

وأعتقد أنَّ كلَّ مَنْ يقرأ هذا الكتاب يعلم أنَّهُ يُمكن، عن طريق الإيحاء، إثارةُ أعراض أيِّ مرض تقريبًا عند الخاضعين للتنويم المغناطيسي.

على سبيل المثال، يمكن أنْ يُصاب شخص في حالة التنويم المغناطيسي بارتفاع في درجة حرارته أو احمرار الوجه أو نوبات برد، بحسب طبيعة الإيحاء الذي يُعطى له. وبحسب التجربة، فبإمكانك أنْ توحي لذلك الشخص بأنَّه مشلول ولا يمكنه المشي، وسيصير ذلك فعلًا. ويمكن كذلك إثارة الألم في أيِّ

جزء من الجسم. على سبيل المثل، إذا وضعتَ كوبًا من الماء البارد تحت أنف شخص في حالة تنويم مغناطيسي، وقلتَ له: "هذا الكوب مليء بالفلفل؛ شمَّه!" فسيبدأ بالعُطاس. ما الذي جعله برأيك يعطس، الماء أو الإيحاء؟

إذا قال أحدهم إنَّه مصاب بالحساسية تجاه عُشبة الإفليوم المرجي، يمكنك أنْ تضع زهرة صناعية أو كوبًا فارغًا أمام أنف ذلك الشخص في حالة التنويم المغناطيسي وأنْ تقول له إنّها عُشبة الإفليوم المرجي، وسوف تظهر لديه أعراض الحساسية المعتادة. يشير ذلك إلى أنَّ سبب هذا المرض كائنٌ في العقل، ويُمكن أنْ يحدث علاج المرض كذلك عقليًا.

نحن ندرك أن حالات شفاء رائعة تحدث من خلال تقويم العظام وتقويم العمود الفقري والأدوية والعلاج الطبيعي، إضافة إلى جميع الكنائس المختلفة، ولكننا نعتقد أنَّ جميع حالات الشفاء تلك قد حدثت من خلال العقل الباطن – الشافي الوحيد الموجود.

لاحظ كيف أنَّه يشفي جرحًا في وجهك بسبب الحلاقة؛ إنَّه يعلم تمامًا كيف يفعل ذلك. يضمِّدُ الطبيب الجرح ويقول: "الطبيعة تشفيه". تُشير الطبيعة إلى القانون الطبيعي، قانون العقل الباطن، أو الحفاظ على الذات، وهي وظيفة

العقل الباطن. إنَّ غريزة الحفاظ على الذات هي أول قانون للطبيعة؛ إنَّ غريزتك الأقوى هي الأكثر فعالية من بين جميع الإيحاءات الذاتية.

لقد عرفتَ للتو أنَّ بإمكانك إثارة مرض في جسمك، أو في جسم شخص آخر من خلال الإيحاء، في تحدٍّ لغرائزك الطبيعية. من الطبيعي والواضح تمامًا أنَّ الإيحاءات التي تتوافق مع الإيحاءات الذاتية الغريزية سيكون لها قوة أكبر.

إنَّ الحفاظ على الصحة واستردادها أسهل من حدوث المرض للجسد. فالإيمان الذي يجلب الشفاء هو موقف عقلي معيَّن، وطريقة في التفكير، ويقين داخلي، وترقُّب للأفضل.

وبالتَّأكيد، من المستحسن في علاج الجسد أنْ يتحقَّق إيمان متناغم بين كلٍّ من العقل الواعي والباطن، ولكنَّ ذلك ليس أمرًا ضروريًّا طالما أنَّ الشخص قد دخل في حالة من الاستسلام والتقبُّل عبر استرخاء العقل والجسد والدخول في حالة من الخمول. لقد عرفتُ أشخاصًا أنكروا تمامًا المادة وأجسادهم، ولكنَّهم وصلوا إلى شفاء باهر. وعرفتُ آخرين قالوا إنَّ العالم حقيقي، وإنَّ المادة حقيقية، وإنَّ أجسادهم حقيقية، وقد وصلوا كذلك إلى شفاء رائع.

الفكرة هي أنَّ أيَّ طريقة أو تقنية أو عمليَّة يُمكن أن تستخدمها ستُحدث تغييرًا في العقل، أو أنَّ حالة ذهنية جديدة هي أمر منطقيٌّ، وسوف تحصل على النتائج بعد ذلك. ويرجع الشفاء إلى تغيير الموقف العقلي، أو إلى حدوث تحوّل في العقل.

قال براكِلْسوس: "سواء أكان الباعث على إيمانك حقيقًا أم مزيَّفًا، فإنَّك على الرَّغم من ذلك ستحصل على النتائج نفسها". وبالتالي، إذا كنت تؤمن بأنَّ عظام القديسين تشفي، أو إذا كنت تؤمن بالقدرة الشافية لماء معيَّن، فإنَّك ستحصل على نتائج بسبب الإيحاء القويِّ الذي أُعطي إلى عقلك الباطن، فالعقل الباطن هو مَنْ يقوم بعملية الشفاء. والطبيب الساحر بتعويذاته يشفي بالإيمان أيضًا.

إنَّ أيَّ طريقة تجعلك تنتقل من حالة الخوف والقلق إلى الإيمان والأمل سوف تشفيك. فالشفاء الحقيقي العلمي والنفسي يجري من خلال الوظيفة المشتركة للعقل الواعي والباطن، الموجَّه علميًا.

إنَّ الشَّخص الذي ينكر وجود جرح متقرِّح على يده (على الرَّغم من أنَّ لديه واحدًا) والذي ينكر حتى جسده، ويقول إنَّ كلَّ ما هو مرئي وملموس ليس لديه وجود حقيقي، قد يُشفى؛ قد يبدو كلُّ هذا سخيفًا بالنسبة لك، فالسؤال الذي يتبادر

للذهن هو: "كيف يُشفى شخص في حين أنَّه لا يوافق على مثل هذه العبارات، مدَّعيًا أنَّها تُهين ذكاءه؟" السَّبب واضح جدًّا عندما تعرف كيف يعمل العقل الباطن.

يُطلب من أحدهم الاسترخاء ذهنيًّا وجسديًّا، ليصل إلى حالة من الهدوء والاستسلام والتقبُّل، ثُمَّ تُعطَّلُ الحواس الموضوعية بصورة جزئية لتصبح متوقفة. إنَّه في حالة نوم، والعقل الباطن قابل لاستقبال الإيحاء. ويقوم الممارس بعدها بإيحاء كلمات رائعة عن الصحة التامَّة تدخل إلى عقله الباطن، فيشعر الزبون بارتياح كبير وربما شفاء تامّ. ولا تُعيق الممارسَ الإيحاءاتُ الذاتية المضادَّة للمريض الناشئة عن الشك الموضوعي لقوة الشافي أو صحة النظرية. فعندما يكون العقل الواعي في حالة خمول ونعاس، تنقص المقاومة إلى الحدّ الأدنى، ولذلك يتمّ الوصول إلى النتائج.

هناك كثيرون يدعون أنَّهُ نظرًا لأنَّ نظريتهم تُؤتي ثمارًا، فإنَّها بالتالي هي النظرية الصحيحة، ولكنْ لا يمكن لذلك أنْ يكون صحيحًا، كما هو موضح في هذا الفصل. كان ميسمر وغيره يشفون من خلال الادعاء بأنَّهم كانوا يرسلون تدفقًا مغناطيسيًّا معيَّنًا. وجاء آخرون وقالوا إنَّ ذلك كلَّه هراء، وأنَّ الشفاء كان نتيجة للإيحاء.

إنَّ جميع هذه المجموعات، مثل أطباء النفس وعلماء النفس وأطباء تقويم العظام وأطباء تقويم العمود الفقري والأطباء وجميع الكنائس، يستخدمون قوة شفاء عالمية واحدة كامنة في العقل الباطن. وقد يُعلن كلُّ واحد منهم أنَّ حالات الشفاء كانت نتيجة لنظريتهم. إنَّ طريقة كلِّ حالات الشفاء هي موقف محدَّد إيجابي عقلي، أو يقين داخلي، أو طريقة في التَّفكير تُسمَّى "إيمان". والشفاء هو نتيجة للأمل الوائق، الذي يعمل كقوة إيحاء إلى العقل الباطن، محرِّرًا قوته الشفائية.

لا أحد يشفي باستخدام قوة مختلفة عن الأخرى. صحيح أنَّهُ قد تكون له نظريته وطريقته الخاصتين به، ولكنْ هناك طريقة واحدة للشفاء، ألا وهي الإيمان؛ هناك قوة شفاء وحيدة، إنَّها عقلك الباطن. اختر النظرية والطريقة التي تفضِّلها، ولتكن متأكدًا بأنَّك ستحصل على النتائج إذا كنت تتمتع بالإيمان.

وصف جون مالك دويل في صحيفة لوس أنلجوس إكزامينر ذات يوم اختبارات تُجرى حول العلاج بالأدعية في جامعة ريدلاندز تحت عنوان "الاختبارات السيكُوسُوماتِيّة تكشف عن قوة الدعاء". وكتب ما يلي:

كشف اليوم الدكتور ويليام آر باركر، مدير العيادة البالغ من العمر 37 عامًا، لأول مرة عن أنَّ النتائج المبكرة للعلاج

بالأدعية لمجموعة مؤلفة من عشرين مريضًا مصابين بالتهاب المفاصل، أو السلّ، أو القرحة، أو اضطراب النطق كانت مبشِّرة.

وقال الدكتور باركر: إنَّ المرضى، الذين وافقوا على ممارسة العلاج بالأدعية بالإضافة إلى العلاج النفسي الجماعي المنتظم في العيادة الجامعية، حقَّقوا تقدُّمًا أكبر من مرضى العيادة العاديين.

على سبيل المثال: قال أحد المصابين بقرحة في المعدة يعتمد على الدعاء والعلاج الجماعي وحسب، إنَّه خلال الأسابيع الثلاثة الماضية اختفت جميع أعراض مرضه.

وكان أستاذ بجامعة ريدلاندز يعاني معظم حياته من حالة شديدة من التأتأة، فشلت سنوات عديدة من العلاجات المختلفة في تصحيحها، أمّا اليوم فلا يوجد أيُّ أثر لاضطراب النطق بعد ستة أشهر من العلاج بالأدعية.

وقد عاد الآن أستاذ آخر إلى عمله مدرّسًا، بعد أنْ أُجبر على التقاعد قبل سنة بسبب مرض السلِّ، وقد شُفي على ما يبدو.

وقال الدكتور باركر: "إنَّ طبيب هذا الرجل، وهو اختصاصي في مرض السل، أعطاه مؤخَّرًا اختبارًا للقشع، وقد كانت نتيجة الاختبار سلبية، فكان الطبيب على يقين من أنَّ خطأً قد ارتُكب.

وأجرى على الفور اختبارًا آخر، ولكنَّه كان سلبيًا أيضًا".

يؤكد الدكتور باركر، وهو دكتور في علم النفس وليس في الطب، أنَّ العلاج بالأدعية ليس معجزة تقوم على "الاحتيال الطبي" لعلاج كلِّ الأمراض، بل هي نهج علمي للدعاء وتأثيره على العقل الباطن.

يمثِّل العقل الباطن، في أعين عالَم الطب السيكُوسُوماتِيّ الرائد، منبع العديد من معاناة البشر، بما في ذلك التهاب المفاصل، والربو، والتهاب الأنف التحسسي، والتصلب المتعدد، والسل، والقرحة، وارتفاع ضغط الدم.

تُفيد النظرية السيكُوسُوماتِيّة، التي تناولتها مهنة الطب بنقاش حادٍّ، بأنَّ مثل هذه الأمراض تبدأ كاضطرابات وظيفية في اللاوعي وتتطور إلى مرض عضوي يعالجه الأطباء من خلال مهاجمة الأعراض وليس السبب.

إنَّ العلاج بالأدعية، وفقًا للدكتور باركر، هو محاولة سيكُوسُوماتِيّة لمهاجمة أسباب هذه الاضطرابات في العقل الباطن.

وقال الدكتور باركر: "إنَّ أربعة صعوبات أساسية في الشخصية هي السبب الرئيس لكلِّ ما يسير بصورة خاطئة في العقل الباطن، إنَّها الخوف، والكراهية، والشعور بالذنب، والدونية."

في تجارب العلاج بالأدعية في ريدلاندز، يجري اكتشاف هذه الصعوبات الأساسية أولًا من خلال إخضاع المرضى المشاركين في المشروع إلى سلسلة من الاختبارات النفسية المعيارية.

بعد ذلك، يجتمع المرضى في جلسة لمدَّة تسعين دقيقة مرة واحدة في الأسبوع لمناقشة مشاكلهم. ويُعطى لكلِّ مريض في هذه الاجتماعات ظرفٌ مختوم يحتوي على معلومات عن جانب ضار لشخصيته اكتُشف في تلك الاختبارات.

وعندما يعود المرضى إلى المنزل، يفتحون المظاريف، ويتعلمون جانبًا جديدًا من شخصيتهم غير مرغوب فيه، ويحلّون تلك الصعوبة بعينها عن طريق الدعاء اليومي حتى الاجتماع التالي للمجموعة.

لا يوجد سوى "يجب" واحدة، إذ على كلِّ مريض أنْ يدعي بانتظام كلَّ ليلة قبل أنْ يخلد إلى النوم. وقال الدكتور باركر: "نحن نصرُّ على الدعاء في ذلك الوقت، لأنَّ آخر ما يفكر فيه

الشخص قبل النوم هو ما سينفذ على الأرجح إلى العقل الباطن".

وقال الدكتور باركر، الذي جرب أولًا نظريات الدعاء الخاصة به على نفسه خلال نوبة قرحة أصابته قبل ثلاث سنوات، يجب أنْ يتعلَّم معظم المرضى كيفية الدعاء.

يجري تعليم المرضى الذين يزورون عيادة العلاج بالأدعية نهجًا إيجابيًا تجاه الدعاء، مع التشديد على الحب، ومفهوم للإله والكون يرفع المعنويات.

وقال الدكتور باركر: "إنَّ أدعيتنا ليست توسُّلًا من أجل الصحة، بل هي عبارات تأكيدية لشفاء العنصر غير الصحي الذي يريد المريض مهاجمته، تُقال بطريقة إيجابية متكررة حتى تغرق في النهاية في اللاوعي، وتصبح جزءًا من ذلك الشخص. وبتلك الطريقة، ومن خلال الدعاء، يمكن مهاجمة الجوانب المدمرة داخل الوعي الذاتي والتغلب عليها في نهاية المطاف، وبالتالي القضاء على الأسباب الأساسية لأمراضها الجسدية".

في مسرح ويلشاير إبيل، حيث أتحدَّث إلى جمهور كلَّ يوم أحد، لدينا فترة تُسمّى "الصمت الشافي". أول شيء أفعله هو أنْ أطلب من الجمهور الاسترخاء، ووضع كل شيء وراء ظهورهم، وإيقاف عجلات أذهانهم. والغرض من ذلك هو تهدئة توماس

المشكِّك (العقل الواعي)، وإدخال فكرة جديدة مثل الصحة والسلام والفرح والوفرة إلى العقول المنصتة للمستمعين. وأولئك الذين يتشرَّبون ذلك سوف يصلون إلى الشفاء أو الإجابة لدعائهم. هذا هو العمل الحركي للعقل الباطن. ويُبلِّغ الكثيرون كلَّ يوم أحد عن الوصول إلى نتائج ممتازة، وهذا ما تشهد عليه رسائل الامتنان.

أودُّ التأكيد على بعض العوامل المهمة هنا بالنسبة إلى أعمال العقل الباطن. جاءني رجل مرة وسألني لماذا لمْ يَزُل الألم في إحدى المرات على الرغم من أنَّه ظلَّ يقول لنفسه: "ليس لديَّ صداع"؟ إنَّ العقل الباطن لنْ يقبل بسهولة هذا التناقض، بل يقبل ما تعتقد وتشعر بأنَّه حقيقي وحسب، أو تقبل بفكرة إمكانية حدوثه. إذا كنت تتقبل ذهنيًّا إمكانية تنفيذ فكرتك، فإنَّ العقل الباطن سوف يتعاون. ومن أجل إقناع العقل الباطن، يجب عليك كسب تعاونه. إذا تمكَّنت من إقناع العقل الباطن بعدم وجود صداع، فإنَّ الصداع سيزول.

اقترحت عليه هذه الطريقة؛ قلْ: "إنَّه يزول" مرارًا وتكرارًا بهدوء وسلام. وبهذه الطريقة، سيكون بمقدوره بشكل أفضل إقناع الذات الحكيمة العميقة، التي تُدعى العقل الباطن،

بتلك الفكرة أو النتيجة، وقد حصل على نتائج، وأضاف إليها شيئًا: "لنْ يعود أبدًا".

لمْ يصب لسنوات بنوبات الصداع النصفي التي كان يعاني منها كثيرًا. كان لديه اعتقاد أو توقّع بأنّهُ في صباح كلِّ ثلاثاء أو سبت سيُصاب بنوبات صداع نصفي، وكان هذا الشعور بمثابة إيحاء ذاتي لعقله الباطن، فما كان من الأخير إلّا أن حرص على أنْ يُصاب بالصداع في الوقت المحدد، فقال ببساطة: "إنّه صباح يوم الثلاثاء؛ السيد يريد صداعًا". وقد أُزيل الإيحاء السلبي عبر الإيحاء المعاكس السابق.

إليكم مثال آخر: أتت امرأة حادّة الذكاء إليَّ قبل بضع سنوات، وقالت إنّها مصابة بداء الصَّدفية على جسدها، وهو يختفي بدهنه بمرهم، ولكنْ بمجرد أنْ تتوقف عن استخدامه، يعود المرض. لمْ تكن مستاءة من أحد، بل كانت متديّنة جدًّا، ويبدو أنّها متوازنة عاطفيًّا. وفي أثناءِ الحديث معها، اكتشفتُ أنّها عاشت في خوف دائم من عودته. في الواقع، كان هذا إيحاء قويًّا لعقلها الباطن، وبما أنّه يتمّ التحكُّم فيه من خلال الإيحاء والاعتقاد، فقد استجاب وفقًا لذلك.

كانت تقول بيقين مرتين أو ثلاث مرات في اليوم: "أنا كاملة، نقية، ومثالية، وبشرتي مثالية، أنا شُفيت ". لمْ يحدث شيء. يمكنك بسهولة رؤية ما حدث في حالتها. في كلِّ مرة كانت تقول، "بشرتي مثاليَّة"، كان نزاع يبدأ في ذهنها. شيء في داخلها كان يقول: "لا، بشرتك ليست مثالية!"

نجحت معها التقنية التالية نجاحًا رائعًا. بدأت لمدَّة خمس أو عشر دقائق ثلاث أو أربع مرات في اليوم: "الأمر يتغيَّر الآن نحو الأفضل". لمْ يترك هذا أيَّ نزاع في عقلها الواعي أو الباطن، وجاءت النتائج بعد ذلك، واختفى المرض تدريجيًّا ولمْ يعد أبدًا. أنا متأكِّد من أنَّها أوقفت إيحاء عودته. (أخشى ما أخشاه قد أصابني).

فلتكن لديك الثقة بأنَّ العقل الباطن سيشفيك. لقد صنع جسدك، وهو يعرف كلَّ عملياته ووظائفه. إنَّه يعرف أكثرَ بكثير من عقلك الواعي عن الشفاء والعودة بك إلى التَّوازن المثالي. إنَّ العقل الباطن، الذي يُطلَق عليه أحيانًا الذات العميقة، يعرف عن جسمك أكثر من جميع الرجال الأكثر حكمة في العالم. لا تحاول أبدًا إكراه أو إجبار العقل. لا نقصد أنْ نقول إنَّ بعض الأشخاص الذين يقولون "أنا كامل، نقي، مثالي" لا يحصلون على نتائج. بالتَّأكيد إنَّهم يفعلون ذلك، لأنَّهم ينجحون

في إقناع أنفسهم بذلك. الاعتقاد والإيمان الأعميان سيحققان نتائج بسبب الإيمان الذاتي للفرد.

أخبرَني عالِم نفس صديق لي أنَّ إحدى رئتيه مصابة. وأظهرت أشعة إكس والتَّحاليل أنَّ لديه مرض السل. في الليل وقبل الذهاب إلى النوم، كان يقول بيقين وهدوء: "كلُّ خلية، وعصب، ونسيج، وعضلة في رئتي تصبح الآن كاملة ونقية ومثالية، وإن الصحة والانسجام يعودان الآن إلى جسمي بكامله". لمْ تكن تلك كلماته بحذافيرها، ولكنَّها تمثِّل فحوى ما كان يقوله. وقد جاء الشفاء الكامل بعد حوالي شهر، فقد أظهرت أشعة إكس فيما بعد بأنَّه شُفي تمامًا.

أردت معرفة طريقته، فسألته لماذا كرَّر تلك الكلمات قبل النوم، وهذا ما قاله: "إنَّ العمل الحركي للعقل الباطن يستمر طوال مدة نومك، لذلك أعطِ العقل الباطن شيئًا جيّدًا ليعمل عليه بينما تغطُّ في النوم". كان ذلك جوابًا حكيمًا جدًّا. بإيحاء الوئام والصحة، لمْ يذكر مطلقًا مشكلته بالاسم.

أنصح بشدَّة أنْ تتوقف عن الحديث عن أمراضك أو أنْ تذكرها أو أنْ تعطيها اسمًا، فنسغ الحياة الوحيد لتلك الأمراض هو اهتمامك بها وخوفك منها. ومثل الطبيب النفسي الذي ذكرته سابقًا، يمكنك أنْ تصبح جرّاحًا عقليًّا جيدًا، وعندها

سوف تُبتَر متاعبك كما تُشذَّب الأغصان الميتة من الشجرة.

إذا كنت تذكر باستمرار ما تعانيه من آلام وأعراض، فبحسب قانون عقلك الخاص ستتبلور هذه التصورات "بوصفها الشيء الذي أخشاه كثيرًا".

إنَّ تقنية إقناع العقل الباطن هي كالتالي: يقوم ذلك بصورة أساسية على حثِّ العقل الباطن على تسلُّم طلبك مثلما سلَّمه إيّاه العقل الواعي. وأفضل طريقة لتحقيق هذا "التمرير" هي حالة شبيهة بـ "الاستغراق في التفكير". اعلمْ أنَّ في عقلك العميق هناك ذكاء لا متناهي وقوة غير متناهية. كلّ ما عليك فعله هو التَّفكير بهدوء بما تريده، انظر إليه بينما هو يتحقق تمامًا من تلك اللحظة فصاعدًا. كنْ مثل الفتاة الصغيرة التي أُصيبت بسُعال شديد والتهاب في الحلق، فقالت بإصرار وتكرار: "إنَّه يزول الآن، إنَّه يزول الآن"، فزال في حوالي ساعة. استخدم هذه التقنية بكامل البساطة والبراءة.

في استخدام العقل الباطن، أنت لا تضع نصب عينيك أيَّ خصم، ولا تستخدم أيَّ قوَّة إرادة، بل تستخدم الخيال وليس قوة الإرادة، إنَّك تتخيل النهاية وحالة الحرية. ستجد أنَّ تفكيرك يحاول اعتراض الطريق، ولكن واصل حفاظك على إيمان بسيط طفولي يصنع المعجزات. تصوَّر نفسك من

دون المرض أو المشكلة. تخيَّل العواطف المرافقة لحالة الحرية التي تتوق إليها، وتخلَّص من كلِّ الروتين الموجود في العملية. الطريقة الأبسط هي دائمًا الأفضل.

تذكَّر أنَّ جسمك يمتلك آلية عضوية تعكس التأثير المتبادل بين العقل الواعي والباطن، وفي المقابل هناك الجهاز العصبي الطوعي (الجهاز العصبي الدماغي النخاعي) والجهاز العصبي اللاإرادي. قد يعمل هذان النظامان عملًا منفصلًا أو بشكل متزامن. ويربط العصب المبهم بين النظامين في الجسم. وعندما تدرس النظام الخلوي وبُنية الأعضاء مثل العينين والأذنين والقلب والكبد والمثانة وغيرها، تتعلَّم أنَّها تتكوَّن من مجموعات من الخلايا تمتلك ذكاء المجموعة الذي تعمل بموجبه معًا وتكون قادرة على تلقّي الأوامر وتنفيذها بطريقة استنتاجية بناءً على إيحاء من العقل الرئيس (العقل الواعي). لهذا السبب استجاب ذكاء المجموعة عند الرئتين إلى الإيحاءات البناءة والإيجابية للأطباء النفسيين المذكورين سابقًا في هذا الفصل.

يتمثَّل هدفنا في هذا الكتاب في الكشف عن سرِّ عمل العقل من أجل معرفة طريقة عمله بشكل أفضل. في حالة الاسترخاء، يأتي العقل الذاتي إلى السطح ويبدأ في العمل على الأنماط الصحيحة التي أوحى بها الشافي. ثُمَّ يبدأ العمل الحركي

للعقل من خلال العصب المبهم. وبين النوم وحالة الاستيقاظ، ينفصل العقل عن تأثيراته المادية وقيود الزمان والمكان لتأكيد حريته الفطرية.

استطاع د. إيفانز، أحد طلاب كويمبي، من إيقاف عمل العقل الواعي بصورة مؤقتة، وتمكَّن من خلال إضاءة داخلية من تشخيص المرض، دون فقدان الوعي بالمحيط الخارجي.

إنَّ الجلاء البصري هو أحد قوى العقل الباطن الذي مكَّن كويمبي ود. إفانز وكثيرين غيرهم من أنْ يروا بوضوح البُنية الداخلية للإنسان، وطبيعة المرض ومدى تفاقمه إضافة إلى السبب وراءه، وقد ثبُت أنَّ ذلك يساعد كثيرًا في شفاء المرضى. وقد كان تفسير السبب الذهني والعاطفي لأمراضهم هو الحلُّ في غالبية الحالات.

إنَّ الإجراء المعتاد هو كالتالي:

1. ألقِ نظرة على المشكلة.

2. ثُمَّ الجأ إلى الحلِّ أو المخرج الذي لا يعرفه سوى العقل الباطن.

3. استرح واشعر بقناعة عميقة بأنَّ الأمر قد أُنجز.

لا تُضعف علاجك بالقول: "آمل ذلك!" أو "سيكون الأمر

أفضل!" فالإعداد الخلوي لجسمك سوف يتبع بأمانةٍ وبصدقٍ أيَّ مخطط يسلمه العقل الواعي إليه عبر العقل الباطن، أو ما يُسمّى أحيانًا بالعقل الذاتي أو اللاإرادي. إنَّ شعورك حول العمل الذي يتعيَّن القيام به هو "السّيِّد". كنْ على علم بأنَّ الصحة هي ملكك! وأنَّ الانسجام هو ملكك! وتحلَّ بالذكاء بأنْ تُصبح وسيلة لقوة الشفاء اللامتناهية للعقل الباطن. إنَّ أسباب الفشل هي: انعدام الثقة والجهد المفرط. أوحِ إلى العقل الباطن إلى حدِّ القناعة، ثُمَّ استرخِ، وحرِّر نفسك. قل للأحوال والظروف: "هذا أيضًا سيزول." ومن خلال الاسترخاء، يمكنك إقناع العقل الباطن، وتمكين الطاقة الحركية التي تقف وراء الفكرة من تسلُّم زمام الأمور، لتحويلها إلى واقع ملموس.

تُبيِّن لنا دراسةٌ متأنّية للكائن أحادي الخلية ما يحدث في جسمنا المعقد. على الرَّغم من أنَّ الكائن أحادي الخلية لا يوجد لديه أعضاء، فإنَّه لا يزال يقدم دليلًا على العقل — فعل وردّ فعل يؤديان الوظائف الأساسية للحركة والتغذية والامتصاص والطرح.

إنَّ النتائج التي توصَّل إليها الدكتور أليكسيس كاريل في تجارب القلب التي أجراها على الصيصان مهمة، وهي تشير إلى

نتيجة أساسية مفادها بأنَّ الحياة تؤدي وظائفها على الرَّغم من عدم وجود المعدات العضوية الكاملة.

يعكس جسد الإنسان أعمال عقله الداخلي. إنَّ قوتنا الحقيقية كامنة في العقل الباطن، ولا أحد يعرف كلَّ أعمال العقل الباطن، لأنَّه لا متناهي في نطاقه. نتعلم ما يمكننا حول كيفية عمله، ثمَّ نستخدمه وفقًا لذلك. يقول الناس إنَّ هناك عقلًا يعتني بالجسم إذا تركناه وشأنه. هذا صحيح، لكنَّ الصعوبة تكمن في أنَّ العقل الواعي يتدخل دائمًا بأدلته التي يستمدّها من الحواس الخمس، والتي تستند إلى المظاهر الخارجية، مما يؤدي إلى سيطرة المعتقدات الخاطئة والمخاوف والرأي المجرد. وعندما يُتاح للخوف والمعتقدات الخاطئة والأنماط السلبية ترك أثرها في العقل الباطن من خلال التكييف النفسي والعاطفي، لا يكون هناك أيُّ مسار آخر مفتوح للعقل الباطن باستثناء التصرف وفقًا لتفاصيل المخطط الذي قُدِّم له.

إنَّ الأنا الذاتية في داخلك تعمل عملًا مستمرًّا من أجل الصالح العام، وتعكس مبدأ التناغم الفطري وراء كلِّ الأشياء. ادرس أعمال أديسون وكارفر وآينشتاين وكثيرين غيرهم ممن كانوا يعرفون، من دون أن يحصلوا على الكثير من التعليم،

كيفية الاستفادة من ثروات العقل الباطن المتعددة. ليكن في داخلك سبب للإيمان. لا يمكنك أنْ تمضي بعيدًا إذا لمْ تكنْ تؤمن فيما لا تراه. لا يمكنني رؤية الحب، ولكني أشعر به. لا أرى الجمال، ولكنْ أرى ما يظهر أمامي. غالبًا ما يكون الإيمان الذاتي أعظم في جسد شاعر نحيل يحب العيش في عُلية، مما هو في القامة الأقوى لمحارب على الجوائز. إنَّ فشلنا الأكبر هو انعدام الثقة في قوى العقل الباطن، لذا تعرَّف إلى قواك الدّاخلية.

ما الفائدة من أنْ تعرف بصورة مبدئيَّة بأنَّك مثالي إذا لمْ تتمكَّن من إخراج ذلك؟ إنَّ تحقيق الذات، بالإضافة إلى المشاعر، هو المفتاح الوحيد للشفاء. والحصول على نتائج ليس دليلًا على أنَّ طريقتك علمية أو سليمة.

عرفت رجلًا قيل له أنْ يلوِّح بقدم أرنب حول رأسه سبع مرات وسوف يسقط ثؤلول كبير. آمنْ بذلك، وأحرز نتائج. لمْ يكن لقَدمِ الأرنب علاقة بذلك، بل كان ذلك بسبب قانون العقل، فالقبول والاعتقاد العقلي كانا السبب، وكان اختفاء الثؤلول هو الأثر. إذا كنت متوترًا وقلقًا، فإنَّ العقل الباطن لن يوليك انتباهًا عند وقوعك في موقف صعب.

احتجَّ صاحب منزل مرة على رجل إصلاح المواقد لتقاضيه 200 دولار على إصلاح المرجل. قال الميكانيكي: "تقاضيتُ 5 سنت على البرغي المفقود، و199.95 دولارًا على معرفة المشكلة".

وبالمثل، فإنَّ عقلك الباطن هو كبير الميكانيكيين، وهو الحكيم الذي يعرف طرق وأساليب شفاء أيّ عضو في جسدك، إضافة إلى شؤونك. أصدر أمرًا بالصحة، وسيقوم عقلك الباطن بإرسائها، ولكنَّ الاسترخاء هو المفتاح. "برويَّة وعناية". لا تقلق بشأن التفاصيل والوسيلة، ولكنْ كنْ على معرفة بالنتيجة النهائية. اشعر بشعور انتهاء مشكلتك بحلٍّ سعيد، سواء أكانت مشكلة صحية أم مالية أم مشكلة في التوظيف. تذكَّر كيف كان شعورك بعد أنْ تعافيت من حالة مرض خطيرة، تذكَّر أنَّ الشعور هو المحك في كلِّ مظاهر اللاوعي، ويجب أنْ تشعر بفكرتك الجديدة بصورة ذاتية في حالية منتهية، ليس في المستقبل، بل على أنَّها تحدث الآن.

كان أحد طلابنا الذين حضروا محاضراتنا حول "معجزات العقل" يعاني من مشكلة بالغة في العين قال الطبيب إنَّها كانت تستدعي إجراء عملية جراحية. تلقّى تعليمًا عن كيفية استخدام تقنية "نانسي سكول": خذ عبارة أو إقرارًا صغيرين، من السهل حفرهما في الذاكرة، وكررها مرارًا وتكرارًا مثل تهويدة.

في كلِّ ليلة كان هذا الرجل عندما يذهب للنوم، يدخل في حالة من النعاس والتأمل، حالة مشابهة للنوم. كان اهتمامه معطَّلًا ومركَّزًا على طبيب العيون الخاص به. كان يتخيِّل الطبيب أمامه، وهو يسمع بصورة واضحة، أو يتخيَّل بأنَّه يسمع الطبيب يقول له: "لقد حدثت معجزة!"

سمع ذلك مرارًا وتكرارًا كلَّ ليلة لمدَّة ربما خمس دقائق قبل النوم. وبعد ثلاثة أسابيع، ذهب إلى طبيب العيون الذي فحص عينيه من قبل، وقال لهذا المريض: "إنَّها معجزة!"

ما الذي حدث؟ لقد أقنع عقله الباطن، باستخدام الطبيب كأداة أو وسيلة للإقناع أو نقل الفكرة. ومن خلال التكرار والإيمان والتفاؤل، جعل العقل الباطن يتشرَّب الفكرة. أصلح العقل الباطن العينين، ففي داخله كان النمط المثالي، وعلى الفور شرع في شفاء العينين. وهذا مثال آخر على معجزات عقلك.

الفصل الثالث
العقل الباطن والإدمان
على الكحول

إنَّ مدمن الكحول مريض عقليًا، وهو بحاجة إلى فحص عقلي. ومدمن الكحول الذي يواجه المشاكل بسبب معاقرته لها، أو المدمن القهري، أو الثَّمِل، لا يشربون بصورة طبيعية كما يفعل أصدقاؤهم. فالمدمن الذي يواجه المشاكل بسبب معاقرته لها هو مدمن بصورة مزمنة، فهو يشرب لأيّام وأسابيع وحتى أشهر في كلِّ مرة. يقول مدمن الكحول إنَّ رغبة قوية تستولي عليه بصورة متكرّرة تدفعه للشرب. إنَّه ضحية عادة، لأنَّ الأفعال التي تؤدي إلى الثمالة قد تكررت في كثير من

الأحيان حتى أنشأ نمطًا ذاتيًا في عقله الباطن. ولأنَّ المدمن قد استسلم بالفعل لرغبته، فإنَّه يخشى من أنْ تعود مرة أخرى، وهذا يساهم في سقطاته المتكررة بسبب الإيحاءات المقدمة لعقله الباطن. إنَّ خيال المدمن هو ما يدفعه للعودة إلى الشرب بشكل متقطِّع. إنَّ الصور التي طُبعت في عقله الباطن بدأت تؤتي ثمارها. إنَّه يتخيل مسابقة شرب تُملأ فيها الأكواب وتُشرب دفعة واحدة، ثُمَّ يتخيَّل الشعور التالي بالراحة والمتعة، الشعور بالاسترخاء. وإذا سمح لخياله بالجموح، سيذهب إلى الحانة أو يشتري زجاجة.

يستخدم المدمن الجهد وقوة الإرادة للتغلب على هذه العادة، أو اللعنة كما يُسميها. وكلَّما بذل مزيدًا من الجهد وقوة الإرادة، غرق أكثر بيأس في الرمال المتحركة.

يأتي الجهد في كلِّ مرة بنتائج عكسية، وينتهي دائمًا بعكس ما هو مرغوب. والسبب في ذلك واضح؛ إنَّ إيحاء العجز عن التغلب على هذه العادة يسيطر على عقله، إذْ تتحكم بالعقل الباطن دائمًا الفكرةُ المهيمنة. إنَّ العقل الباطن يقبل بالأقوى من مقترحين متناقضين. المقترح الذي لا جهد فيه هو الأفضل، ستتم مناقشة هذه الطريقة بالتفصيل في هذا الفصل.

يُطلق الكأس الأول من الكحول عنان المدمن، والتعبير الشائع هو "مشروب واحد، ثُمَّ تأخذه الحماسة"، وفي الأرجح أنَّهُ سيواصل الشرب حتى يسقط في حالة من اللاوعي. والإجراء المعتاد من المدمن هو أنْ يقطع على نفسه جميع أنواع الوعود، مثل "لا مرة أخرى!" إنَّ مثل هذه العبارة لا معنى لها، فقد استولى عليه الشعور بالذنب، وشعور رهيب بالندم، والخجل، إضافة إلى ذلك فإنَّه حطَّم نفسه جسديًا، ويكون بصورة مؤقتة على الأقل مجبرًا على الامتناع عن الكحول.

يعاني بالفعل المدمن معاناة عقلية وجسدية. وتكشف يداه المرتجفتان وعضلاته المرتعشة عن عقله المضطرب، وقد لا ينام الليالي. وعادة ما يخسر جميع أصدقائه، ويهجره أعضاء أسرته، ويفقد مثل هذا الشخص هيبته واحترامه ومكانته، ويصبح المدمن غالبًا كاذبًا مزمنًا ومتسوِّلًا في كثير من الأحيان.

تتبادر أسئلة إلى ذهنك: "ما السَّبب؟" "لماذا هو على هذه الحال؟" "ما الذي يجعل مواطنًا شهيرًا متميِّزًا يلجئ لمعاقرة الكحول، وينحدر في الواقع إلى مستوى حيوانٍ بريٍّ؟"

الأسباب المعتادة التي سيعطيها المدمن لحالته كثيرة ومتنوعة. هذه بعض من أكثرها شيوعًا: عقدة النقص، أو الشعور بأنَّه منبوذ، أو الشعور بالخوف، أو عدم الأمان، أو عدم أهليته

للعمل أو المهنة، أو مخاوف غير معروفة، أو الخوف من الحياة، أو رفض تحمُّل المسؤولية، أو مجموعة أسباب أخرى.

ستجد عددًا كبيرًا ممّا يُسمّيها أسبابًا، بالإضافة إلى العديد من الأشياء الأخرى التي اكتسبتها عبر السنين. فكِّر في هذا: إذا كنت مدمنًا على الكحول، كم شهرًا أمضيت، وكم من المال أنفقت حتى تصبح كذلك؟ ربما استغرق الأمر عامًا، ومبلغًا كبيرًا من المال، بالإضافة إلى مجهود كبير من جانبك لتصبح مدمنًا على الكحول. عندما تجد ما تعتقد أنَّه السَّبب، ما الذي ستفعله حيال ذلك، إضافة إلى إعطائه اسمًا مميَّزًا مثل عقدة الرفض؟

إذا أخبرتك بسبب إدمانك على الكحول، فإنَّ ذلك لنْ يجعلك رصينًا. ولكنْ هناك طريقة للرصانة وللطمأنينة وللحياة الطبيعية. ما سأقوله قد يتناقض مع نظرياتك العزيزة. إنَّ سبب معاقرتك للكحول هو أنت! إنَّه موقفك العقلي الفاسد تجاه الحياة.

إنَّ أفكارك ومشاعرك ومعتقداتك، بالإضافة إلى ما تعطي موافقتك عليه في الحياة، تحدد عالمك. وما أعنيه بعالمك هو جسدك وشؤونك وردُّ فعلك على الحياة وصحتك وأمورك المالية وكلُّ مراحل حياتك. إنَّ تفكيرك الاعتيادي يتكوَّن من

موقفك العقلي، وتتبلور أفكارك وتتكثف وتسبب ردَّ فعلك العقلي تجاه الحياة والناس والأشياء. إنَّ الأفكار التي تُضمرها باستمرار في عقلك تولد العاطفة. ويجلب تفكيرك المعتاد لك البؤس أو السعادة، أو الصحة أو الألم، أو الإنجاز أو الإحباط الكبير، أو العقل المتوازن أو التوتر إضافة إلى القلق. تجعلك أفكارك إذًا سكّيرًا أو تجعل للرصانة الحكم المطلق في عقلك.

إنَّ رسالتي والغرض الذي أرمي إليه في هذا الكتاب هو إطلاعك على طريقة عمل العقل الباطن مصدر الحكمة والقوة. إنَّه مصدر الطاقة النفسية الأقوى الذي يمكنك الاتصال به. ويعبّر العقل الباطن عمّا هو مطبوع فيه من خلال تفكيرك. فمثلما تفكر وتشعر، كذلك تكون في جميع مناحي حياتك. فالأفكار التي تودعها في العقل الباطن هي أسباب معاقرتك للكحول، لذلك لنْ يكون عليك البحث بعد الآن عن السبب.

من هذه اللحظة، توقف عن لوم الآخرين بالقول إنَّهم السبب، أنا أعرف الأعذار المعتادة: "آه، لا أستطيع الانسجام مع زوجي أو زوجتي"، "لمْ تُتح لي الفرصة مطلقًا، لمْ يكن والداي يريدانني"، "كنت يتيمًا"، "أنا مصاب بعقدة نقص"، "لقد خسرت جميع أموالي"، "تُوفي جميع أفراد عائلتي عندما كنت صغيرًا ".

سأؤكد على هذه النقطة مرة أخرى: إنَّ سبب معاقرتك للشرب هو أنت، بسبب أفكارك ومعتقداتك عن الحياة والناس والعالم بصورة عامة.

لقد امتصَّ عقلك الباطن كلَّ أفكارك على مدى فترة من الزمن، ثُمَّ تمَّ تصنيعها والتعبير عنها وفقًا لصورة تفكيرك الذي تسبب بها وما يهواه.

تعرف الآن إلى هذا المستودع الذي لا ينضب من القوة والقدرة على الشفاء في داخلك، ألا وهو العقل الباطن. إذا كنت مدمنًا على الكحول، اعترف بذلك؛ لا تتفادى المشكلة. كثير من الناس ما زالوا مدمنين على الكحول لأنَّهم يرفضون الاعتراف بذلك.

إنَّ مرضك هو عدم الاستقرار والخوف الداخلي، وأنت ترفض مواجهة الحياة، لذلك تحاول الهروب من مسؤولياتك من خلال الزجاجة. الشيء المثير للاهتمام حول مدمن الخمر هو أنَّه ليس لديه إرادة حرة، يعتقد أنَّ لديه قوة إرادة – بل يتفاخر بذلك. يقول الثمل بشجاعة: "لنْ ألمسه بعد الآن"، لكنَّه لا يملك القدرة على إثبات ذلك، لأنَّه لا يعرف أين يجده.

يعيش مدمن الكحول في سجن نفسي من صنع يديه، وهو ملتزم دائمًا بمعتقداته وآرائه وتدريبه وتأثيراته البيئية. إنَّه مثل معظم الناس، أيْ إنَّه مخلوق صاحب عادة، قد تعليمه الردّ بالطريقة التي يفعل بها ذلك.

يجب على مدمن الكحول أنْ يبني فكرة الحرية والسلام في عقله حتى تصل إلى عقله الباطن، وهذا الأخير، الذي هو مطلق القوة، سوف يحرره من رغبته في الكحول. وعندئذ فقط يمكن لمدمن الكحول الذي يعلم جيّدًا كيف يعمل علقه، أنْ يبرهن على صحة كلامه ويثبته لنفسه.

إنَّ معتقداتك وعاداتك تصوغ عقلك الباطن. إذا كان مدمن الكحول لديه رغبة كبيرة في تحرير نفسه من هذه العادة، فقد شُفي بالفعل بنسبة 51٪. وعندما يكون لديه رغبة أكبر في الإقلاع عنه من الاستمرار بمعاقرته، فإنَّه لنْ يواجه الكثير من الصعوبة في الحصول على الحرية الكاملة.

يجب على مدمن الكحول إعادة تكييف عقله، وهناك طرق ووسائل للقيام بذلك. عندما تفكر في الخير، ستكون النتيجة خيرًا – عندما تفكر بصورة شريرة، فإنَّ النتيجة ستكون شرًّا. إنَّ هذه أمثلة بسيطة على قوانين العقل. إذا كان شخص يسهب ويطيل التفكير في الحزن وحسب، فإنَّه لنْ

يصادف سوى الكآبة في تجربته الخارجية. وإذا كان يسهب في التفكير بالسلام وبثروة كبيرة في أعماله، فسوف تزدهر. أنْ يعرف المرء إمكانيات قوانين العقل تلك يعني أن يستولي عليه إلهام جديد وإيمان جديد كذلك.

يتعلم مدمن الكحول أنَّه أيًّا كانت الفكرة التي يركّز عقله عليها، فإن الأخير يضخّمها، فإذا أشغل تفكيره بمفهوم الحرية (التحرر من العادة) براحة بال، ليُبقي تركيزه منصبًّا في هذا الاتجاه الجديد، فإنَّه يولد المشاعر والعواطف التي تُضفي الصفة العاطفية على مفهوم الحرية والسلام تدريجيًّا. وأيًّا كانت الفكرة التي تُضفى عليها الصفة العاطفية، فهي التي سيقبلها العقل الباطن – وبالتالي فإنَّها ستتحقق.

يجب أنْ يدرك مدمن الكحول أنَّ شيئًا جيدًا يمكن أن يخرج من معاناته، فهو لمْ يعانِ عبثًا. وفي المقابل، ما الشيء الجيد في الاستمرار في المعاناة؟

إنَّ استمرار المرء في الإدمان على الكحول لا يجلب إلا مزيدًا من التدهور؛ التدهور العقلي والجسدي. ابدأ الآن بالقول: "لا!" للرغبة الملحَّة. أدركْ أنَّ القوة في عقلك الباطن تدعمك. وإن كنتَ مقيّدًا بالسوداوية أو الارتعاش، ابدأ بتخيّل الفرحة والحرية المخبّئة لك؛ هذا قانون الاستبدال. خيالك أخذك

إلى الزجاجة، دعه يأخذك الآن إلى الحرية والطمأنينة. سوف تعاني قليلًا، ولكنَّها لغرض بنّاء، وسوف تتحملها كما تتحمل الأم آلام الولادة. وبالمثل سوف تُنجب طفل العقل، فعقلك الباطن سوف يلد الرصانة.

إنَّ تفكيرك يسيطر عليك، سواء أكنت تعرف ذلك أم لا. وأنت الآن تدرك تمامًا حقيقة أنَّ عقلك الباطن يقبل دون شك الأفكار التي تقنعه بها. يمكنك الآن البدء في التحكم في حياتك. فأنْ تؤدِّب عقلك يعني أنْ تفكِّر تفكيرًا بنّاءً ومنسجمًا.

إنَّ مرضك الذي يُدعى الإدمان على الكحول هو مرض عقلي. إنَّه بسبب الارتباك الذهني والتفكير الفوضوي. ومن خلال التكرار والاعتماد على قوة الكحول، يبني مدمن الكحول نمطًا في العقل الباطن، مما يؤدِّي إلى ميل في اللاشعور نحو الشرب غير المتحكَّم فيه. بعد تناول كأس الخمر الأول، لا يكون الأمر توقًا أو رغبة جسدية، بل هي رغبة عقلية أو لا شعورية محضة، وذلك بسبب حقيقة أنَّك أدخلت إلى عقلك الباطن ساقيًا ذهنيًا يقول بعد تناولك لكأس الكحول الأول: "تناول كأسًا آخر، تناول كأسًا آخر! "هذا بالتأكيد بسبب العادة الموجودة منذ مدة طويلة. ويصبح الإيحاء "تناول كأسًا آخر" محفورًا عميقًا في عقلك الباطن. إنَّ ذلك ليس وضعًا

يُجبرك على الشرب، ولكنَّه يجبرك على مواصلة الشرب بعد تناولك لكأس الكحول الأول. عندما يتناول مدمن الكحول كأسًا، فإنَّ ذلك مؤشِّرًا مفاده "امضي قدمًا" إلى العقل الباطن، والذي يرسِّخ ساقيًا في اللاوعي يتحكَّم في أفعالك بسبب العادة الموجودة منذ مدة طويلة.

لقد فشل مدمن الكحول في تحقيق رغباته في الحياة، وهو بالتأكيد محبط دائمًا. ولا يعرف أنَّ هناك قوة تمكِّنه من الوصول إلى هدفه ليعيش حياة سعيدة كاملة. لقد كافح طويلًا تحت مظلَّة الإيمان بعدم قدرته على التعبير عن نفسه في مجال السعي المنشود. إنَّ ثمرة إحباطه هو معاقرة الكحول بصورة غير طبيعية، فجميع البذور (الأفكار) تؤتي ثمارها بحسب نوعها. ويمكن أيضًا للعقل الباطن الذي يجعل الآن مدمن الكحول يعاقرها، أن يشفيه ليصل إلى حريته.

إليك تقنية محدَّدة يمكنك استخدامها لتحرير نفسك؛ هذا قانون نفسي إذا طبَّقته سوف يمنحك الطمأنينة:

• **الخطوة الأولى:** اجلس على كرسي، أو استلقِ على أريكة، وأوحِ بالاسترخاء لنفسك لبضع دقائق. والآن ادخل في حالة من الخمول والنعاس. في هذا المزاج المسترخي الهادئ المتلقّي،

تعلَمْ أنّك على وشك أنْ تستخدم صيغة إيحائية تدخل إلى عقلك الباطن لتحرّرك.

• **الخطوة الثانية**: في حالة النعاس تلك، قلْ لعقلك الباطن: "أنا متحرر من هذه العادة، أنا أنعم بالطمأنينة". اشعر بفرحة كونك حرًّا، وافعل ذلك خمسة مرات أو أكثر.

• **الخطوة الثالثة**: تخيل أنَّ أحد الأحباء يقف أمامك الآن، وعيناك مغلقتان، قد يكون طبيبًا، أو زوجة، أو زوجًا. اسمع هذا الشخص المحبب يقول لك، "مبارك!" إنَّ كلمة "مبارك" تعني لك الرصانة الكاملة والطمأنينة. بمعنى آخر، حرية كاملة من هذه العادة. اسمع تلك الكلمة مرارًا وتكرارًا حتى تحصل على ردِّ فعل سارٍّ، احصل على ردِّ الفعل الذي ينمُّ على الرضى.

إذا غططت في النوم في أثناء النهار عندما تفعل ذلك، تأكد أنَّ مجهودك لا يضيع سدى. أقترحُ عليك القيام بذلك مرتين أو ثلاث مرات في اليوم. وفي الليل، يمكنك أنْ تهدهد نفسك حتى تنام مع كلمة "مبارك"، والتي تعني الشفاء الكامل لك، وسوف تدخل هذه الفكرة إلى عقلك الباطن بينما تستمر في القيام بذلك، ثُمَّ سوف تزول الرغبة بكاملها.

إنَّ التقنية السابقة ليست خيالًا أو أحلام يقظة، تصبح مجرد أحلام يقظة وحسب إذا كنتَ لا تؤمن بأنَّ صورتك العقلية هي حقيقة واقعة. بعد تقديم هذه الإيحاءات إلى عقلك الباطن، وإذا ساورك الشك أو الخوف أو الكآبة، تذكَّر وحسب أنَّ انضباطك العقلي الذي حدث قبل ساعات، أو في ذلك الصباح. عندما تزرع بذرة في عقلك الباطن وهي الآن تتكوَّن في ظلام عقلك الأعمق، فإنَّها ستؤتي ثمارها. أنت تعرف أنَّك مارست قانونًا نفسيًّا، وأنَّ البذور ستزهر فعليًّا كما تصورتَ عقليًّا. تأكد من عدم إزعاج البذور عن طريق الأفكار السلبية المتمثلة بالخوف أو اليأس، وقمْ بتشغيل هذه الصورة المتحركة الداخلية مرات عدَّة في اليوم، ولا تُعرِّض هذا الفيلم الحساس من عقلك الباطن لسُحُب التفكير السلبي. وعندما يستولي عليك الشكّ أو الخوف أو القلق أو الاكتئاب، ذكِّر نفسك بهدوء بأنَّك أخذت صورة يتمّ تطويرها في عقلك الباطن.

يتمّ التغلب على جميع العقبات والإغراءات التي تعترض طريقك من خلال الحفاظ على عقلك مُركِّزًا على هدفك. ومع المثابرة والإيمان بالقانون العقلي الذي استخدمته، ستَشعر بفرحة حريتك المكتَشَفة الجديدة، ولذَّة الرصانة، والطمأنينة.

إنَّ واحدة من أسوأ حالات إدمان الكحول التي شاهدتها

خلال 35 عامًا قد شُفيت بهذه الطريقة البسيطة. قلتُ للشخص أنْ يكرر كلمة "حرية" كلَّ ليلة عندما يذهب للنوم. كرَّرها في الليلة الأولى قبل النوم لنحو نصف ساعة، واستيقظَ وقد شُفي بالكامل، والآن هو يعلّم الآخرين قوانين العقل.

آمن بفيلمك العقلي، وستحصل على نتائج!

الفصل الرابع
العقل الباطن والثروة

تكمن المشكلة عند معظم الناس في أنَّهم لا يملكون وسائل دعم غير مرئية عندما تنهار الأعمال أو ينخفض سوق الأسهم أو يخسرون استثماراتهم، فيبدون عاجزين. إنَّ عدم الأمان هذا نابع من عدم معرفتهم بكيفية استغلال العقل الباطن، إنَّهم غير ملمّين بالمخزن الذي لا ينضب في الداخل.

إنَّ الرجل الذي يعاني من عقلية الفقر سيجد نفسه في ظروف مدقعة الفقر. أمّا الرجل الآخر الذي لديه عقل مليء بأفكار الثروة، فسيكون محاطًا بكلِّ ما يحتاج إليه. لمْ يكن القصد أبدًا أنَّ على الناس أنْ تعيش حياة الحرمان. يمكنك

أنْ تكون ثريًّا، ولديك كلُّ ما تحتاجه مع الكثير لتدَّخره. إنَّ كلماتك لديها القدرة على تطهير عقلك من الأفكار الخاطئة – لغرس الأفكار الصحيحة في مكانها.

لقد تحدثتُ مع العديد من الأشخاص خلال السنوات الـ 35 الماضية. كانت شكواهم المعتادة هي: "لقد قلت لأسابيع وأشهر أنني غنيّ وموسِر، ولكنْ لمْ يحدث شيء". اكتشفتُ أنَّه عندما قالوا: "أنا موسِر؛ أنا ثريّ" أنَّهم كانوا يشعرون بأنهم يكذبون على أنفسهم.

قال لي رجل: "لقد قلت متيقِّنًا حتى سئمت بأنني موسِر، لكنَّ الأمور الآن أسوأ. كنت أعلم عندما كنت أقول تلك العبارة أنَّه من الواضح أنَّها لمْ تكن صحيحة". إنَّ عباراته وكذلك عبارات الآخرين قد لاقت الرفض من عقلهم الواعي. في الواقع، إنَّ عكس ما كانوا يجزمون به أو يدَّعونه هو الواضح.

ينجح الإيحاء الذاتي على أفضل نحو عندما يكون محدَّدًا، ولا ينتج عنه نزاع أو جدال. لهذا السبب، فإنَّ العبارات التي قالها ذلك الرجل جعلت الأمر أسوأ لأنَّها أوحت بعجزه. إنَّ العقل الباطن لا يقبل سوى قناعاتك ومعتقداتك، وليس مجرد كلمات أو عبارات، فهو يقبل دائمًا الفكرة أو الاعتقاد المهيمنان.

إنَّ العبارة التالية هي وسيلة للتغلب على هذا الصراع لأولئك الذين يواجهون هذه الصعوبة. قلْ هذه العبارة العملية بشكل متكرر، ولا سيَّما قبل النوم: "في النهار والليل، سأصبح موسِرًا في كلّ مصالحي". هذا لنْ يثير أيَّ جدال، لأنه لا يتناقض مع انطباع العقل الباطن بالحاجة المالية.

اقترحتُ على رجل أعمال كانت مبيعاته منخفضة للغاية (كان قلقًا للغاية) أنْ يجلس في مكتبه، وأنْ يهدأ ويكرر هذه العبارة مرارًا وتكرارًا: "مبيعاتي تتحسن كلَّ يوم. أنا أتقدَّم، وأتطور، لأصبح أكثر ثراءً كلَّ يوم". لقد أثارت هذه العبارة التعاون بين العقل الواعي والباطن، وجاءت النتائج بعد ذلك.

إنَّ ما سبق هو وسيلة بسيطة للغاية وفريدة لطبع فكرة الثروة في العقل. ربما تقول وأنت تقرأ هذا الفصل: "أحتاج إلى الثروة والنجاح". هذا ما عليك فعله: كرر لمدة خمس دقائق مع نفسك ثلاث أو أربع مرات في اليوم: "الثروة – النجاح". إنَّ هذه الكلمات لديها قوة هائلة، وهي تمثل القوة الداخلية للعقل الباطن. ركِّز عقلك على هذه القوة الكبيرة في داخلك، وعندها ستظهر في حياتك الأوضاع والظروف التي تتوافق مع طبيعتها ونوعيتها. لا تقل: "أنا ناجح" أو "أنا غنيّ"، بل تأمَّل القوى الحقيقية في داخلك. ليس هناك صراع في العقل عندما

تقول: "الثروة" أو "النجاح"، علاوة على ذلك، فإنَّ الشعور بالثروة والنجاح سيتحقق في داخلك عندما تتأمل تتأمل هذه الأفكار.

إنَّ الشعور بالثروة يُنتج الثروة، والشعور بالنجاح يُنتج النجاح: تذكَّر ذلك دائمًا. إنَّ العقل الباطن مثلُ البنك – نوع من البنوك العالمية، إنَّه يضخِّم ما تودعه أو تقنعه به، سواء أكان ذلك خيرًا أم شرًّا.

إنَّك توقِّع على شيكات فارغة عندما تقول عبارات مثل: "ليس هناك ما يكفي" أو "هناك نقص" أو "سأخسر الرهن العقاري" وغيرها من العبارات. وإذا كان الخوف يتملَّكك من المستقبل، فأنت تكتب أيضًا شيكًا فارغًا يجذب لك ظروفًا سلبية. إنَّ العقل الباطن يرى خوفك أو معتقدك كطلبات لك، ويشرع بطريقته الخاصة لوضع العقبات والمعوِّقات والقيود في حياتك. بالنسبة لمن لديه الشعور بالثروة، يجب إضافة مزيد من الثروة، ولمن لديه الشعور بالعوَز، يجب إضافة مزيد من العوَز.

يعطيك العقل الباطن اهتمامًا مركَّبًا أيضًا. عندما تستيقظ كلَّ صباح، أودع أفكار الرخاء والنجاح والثروة والسلام، وتأمَّل في هذه المفاهيم، أَشغِل عقلك بها كلَّما أمكن، وسوف

تجد هذه الأفكار الإيجابية طريقها كودائع في عقلك الباطن لتحقيق وفير الرخاء.

يمكنني أنْ أسمعك تقول: "آه، لقد فعلت ذلك ولكنْ لمْ يحدث شيء". لمْ تحصل على نتائج لأنك انغمست في أفكار الخوف ربما بعد عشر دقائق. إنَّ ذلك يحيد المشاعر الإيجابية التي جزمت بها. عندما تزرع بذرة في الأرض، لا تحفر عليها.

افترض، على سبيل المثال، أنك ستقول: "لن أكون قادرًا على تسديد هذه الدفعة!" قبل أنْ تقول: "لن —"، توقَّف عن قول الجملة لتفكِّر بعمق في عبارة إيجابية وبنّاءة، مثل "في النهار وفي الليل، أصبح موسِرًا في جميع شؤوني".

أنْ يصبح المرء موسِرًا يعني أنْ يتقدم في جميع المجالات في الحكمة والفهم والممتلكات المادية. إنَّ المال يمثل الثروة، إنَّه رمز التبادل، إنَّه يمثل الحرية والترف والرفاهية والدماثة. لا أعرف شخصًا يقول إنَّ لديه الكثير، بل هو في كلِّ الأحوال يبحث عن المزيد.

إنَّ لدى معظم الناس انطباعًا بأن قيمة أموالهم تعتمد على الكثير من الذهب في جنوب إفريقيا أو في خزائن وزارة الخزانة الأمريكية، ويعيش الآخرون في خوف من تخفيض

قيمة العملة ومن أنَّهم سوف يخسرون. عندما يدور الدم بشكل مثالي ومنسجم في جسمك، يقول الطبيب إنّك بصحة جيدة. وبالمثل، عندما يدور المال بحرية في حياتك، ويلبي جميع احتياجاتك، وهناك دائمًا فائض منه، فأنت موسِر.

على سبيل المثال، إذا استمعت إلى الراديو وسمعت أنَّ هناك انهيارًا في سوق الأسهم، وانتابك بسبب ذلك شعورٌ بالقلق أو الخوف، فستصبح مرتهن أو متأثر بمجموعة من الإحصاءات أو بنشرة الأخبار. يعتمد أمنك المالي وثروتك على شعورك الشخصي أو الداخلي بالازدهار.

عندما تسعى إلى إيصال فكرة الثراء والنجاح إلى عقلك الباطن، تأكد من أنك لا تقول عبارات حمقاء أبدًا، مثل "أنا أحتقر المال" أو "إنَّه شيء شرير" أو "إنَّه أصل كلّ هذا الشر"، فمثل هذا الموقف سوف يجعل للمال أجنحة ليطير مبتعدًا عنك، فأنت بذلك تُعطي أمرين متناقضين إلى العقل الباطن؛ أحدهما سوف يحيّد الآخر – لن يحدث شيء.

لقد أخذ المال أشكالًا عديدة عبر العصور. ما تريده حقًّا هو أنْ يكون لديك قناعة لا شعورية بأنَّ المال سيكون دائمًا في دوران دائم في حياتك، ويلبي جميع احتياجاتك في كلّ لحظة من الزمن وفي كلّ مكان.

إنَّ المال في هذه البلاد أمر ضروري لصحتك الاقتصادية، لذلك يجب أنْ يكون لديك كلُّ ما تحتاجه وفائض وفائض منه. ابدأ الآن في الاعتقاد والادعاء بأنَّ المال رائع. ابدأ في حُبِّ المال وكنْ ودودًا معه، سيكون لديك دائما الكثير، ولن تكون في حاجة أبدًا.

إنَّ الحب هو ارتباط عاطفي. ما لمْ تحب عملك أو مهنتك، لا يمكنك أن تكون ناجحًا حقيقيًا. الحب يكبر دائمًا ويتكاثر، لذلك أحبّ فكرة الثروة حتى تتجسد بشكل شخصي، واكتب هذا بأحرف كبيرة في عقلك: ما تحبه، أنت تزيده، وما تنتقده، يتلاشى من حياتك.

أنت تعلم هذه الحقيقة الأساسية عندما يتمّ تدوير الأموال بحُريَّة في بلد ما، فإنَّ وضعه المالي يكون سليمًا. ليكن هناك تدويرًا صحيًا للأموال في حياتك، ولا سيَّما في موقفك العقلي. آمن بأنَّ المال جيد، وفكِّر في كلِّ ما يمكنك فعله به. كنْ مدخلًا ومخرجًا ذهنيًا لتيّار مستمرّ من الثروة، يتدفق إليك إلى الأبد ويتدفق منك إلى الأبد في دوران مثالي.

إذا كنت تواجه مصاعب مالية محاولًا كسب ما يكفي لتغطية نفقاتك، فهذا يعني أنَّك لمْ تُقنع عقلك الباطن بأنك ستحظى دائمًا بالكثير مع القليل للادّخار. إنك تعرف رجالًا ونساء يعملون بضع ساعات في الأسبوع، لكنهم يجنون مبالغ

طائلة من المال. إنهم لا يكافحون ولا يكدحون بجدٍّ. لا تصدق قصة أنَّ الطريقة الوحيدة التي يمكن أنْ تصبح فيها ثريًّا أو ناجحًا هي عَرَقُ جبينك أو العمل الشاق. ليس الأمر كذلك، إنَّ طريقة الحياة التي هي من غير جهد هي الأفضل. افعل ما تحب القيام به، وافعله فقط من أجل الفرح والإثارة. غنِّ في عملك، ستفعل ذلك إذا أحببت الأمر. وإذا كنت كذلك تحب عملك، فمن المحتم أنَّك ستكون ناجحًا.

هناك مدير تنفيذي أعرفه يحصل على راتب عال جدًّا. في العام الماضي كان في رحلة بحرية لمدة 10 أشهر، ليشاهد مناطق جميلة في العالم. لقد أقنع عقله الباطن بأنَّه يستحق هذا القدر من المال، وقد أخبرني أنَّ العديد من الرجال في مؤسسته يحصلون على أقلّ من 100 دولار في الأسبوع يعرفون أكثر عن العمل مما يعرفه هو. في الواقع، كان بإمكانهم إدارته بشكل أفضل، لكنهم لمْ يكن لديهم طموح – ولا أفكار.

المال هو ببساطة قناعة في اللاوعي من جانب الفرد. لنْ تصبح مليونيرًا بقولك: "أنا مليونير، أنا مليونير". ستنمو لتصبح واعيًا للثروة من خلال بناء أفكار النجاح بالثروة في عقليتك. أصبح أحد طلابنا الآن، بعد أن كان في السابق بائعًا يتقاضى

75 دولارًا في الأسبوع، مديرًا للمبيعات براتب سنوي مرتفع. كلُّ هذا حدث خلال فترة شهر.

في كلِّ صباح عندما كان ذلك الشخص يحلق، كان ينظر إلى المرآة ويقول: "أنت غنيٌّ، أنت ناجح كبير". استمرَّ ذلك لأسابيع عدَّة. في غضون حوالي ثمانية أسابيع، تمت ترقيته فجأة ليصبح رئيسًا لـ 80 بائعًا آخر. في أثناء الحلاقة، تكون مسترخيًا. كما قلتُ سابقًا، يمكنك نقل فكرة للعقل الباطن من خلال تكرارها مرارًا على فترات مع الإيمان بمستقبل ملؤه الفرح.

إليك سؤال يتكرر كثيرًا في الفصول الدراسية التي يتراوح عدد أفرادها بين 1200 إلى 1300 شخصًا في مسرح ويلشاير إبيل: "إذا كنتُ بحاجة إلى مبلغ معيَّن، مثل 1000 دولار، هل يجب أنْ أركز على ذلك؟" يمكنكَ فعل ذلك. سينجح الأمر، ولكنَّ الإجراء العام والأفضل هو عدم التفكير بمبلغ محدد أو معين من المال، فَكِّر في الوفير منه ليُعيلك بكلِّ سهولة ويمنحك حرية كاملة في التصرف. والسبب في ذلك هو أنَّ كلَّ ما تقنع العقل الباطن به يزداد ويتضاعف باستمرار، مثلما تُنتج حبوب القمح المزروعة في الأرض مئة ضعف من الحبوب.

إنَّ العقل الباطن يعمل وفقًا لقانون الوفرة. إنَّ الطبيعة سخيَّة ومسرفة وكريمة، لذا ارفع من تقييم الذات لديك. إذا ساومت الحياة مقابل بنس واحد في اليوم، فإنَّ الكون سيستجيب وفقًا لذلك. كثير من الناس لديهم رغبة شديدة للحصول على مزيد من المال، ولكن لديهم نمط لا شعوري بـ 75 دولار في الأسبوع. لذلك هذا ما يعبِّرون عنه، في حين بإمكانهم أنْ يُعبروا عن أكثر من ذلك بكثير.

إليك طريقة بسيطة لزيادة وعيك بالثروة، استخدام هذه العبارات مرّات عدَّة في اليوم: "أنا أحب المال، أنا أحبه، أنا أستخدمه بحكمة وبصورة بنّاءة وبتعقّل. المال يدور باستمرار في حياتي، أنا أتخلَّى عنه بفرح، يعود لي مُضاعفًا بطريقة رائعة. إنّه جيد، جيد جدًّا". سيساعدك هذا في الحصول على الموقف الصحيح من المال.

لا تنتقد أبدًا المال بقولك "المال قذر، إنَّه سيّء، إنَّه ملوَّث؛ لا يمكنك جذب ما تنتقده. عندما تبدأ في التفكير في الأمور، ستدرك أنَّ الثروة الحقيقية تعتمد على دوران الأفكار الرائعة في عقلك، والتي تنبع من مستويات اللاوعي.

استخدمَ شرطيٌّ مُتحرٍّ شابٌّ يرغب في مزيد من النقود الصيغةَ السابقةَ. وفي أحد الأيام استيقظ برغبة شديدة في كتابة قصة قصيرة مستمدّة من إحدى تجاربه. جلس وجاءت الأفكار بحُريَّة. قُبلت قصته، ثُمَّ كتب العديد من القصص الأخرى. وقد دُفع له مبالغ كبيرة مقابل تلك المقالات. لقد جاءت الثروة إليه على صورة أفكار في ذهنه. يمكن لعقلك أيضًا أنْ يكشف لك عن اختراع جديد، أو مادة لكتاب أو مسرحية جديدة. لذا استفد من عقلك الباطن.

كان أحد مديري المبيعات الذين كنت أعرفهم تأتيه الأفكار حول حملات المبيعات الترويجية عندما يستيقظ في الصباح. لقد أصبح رئيس الشركة، لمْ يكن لديهم مدير مبيعات مثله.

إنَّ عقلك الباطن لا تنقصه الأفكار، فهناك في داخله عدد لا حصر له من الأفكار الجاهزة للتدفق إلى عقلك الواعي، وتظهر في صورة نقود في جيبك بطرق لا حصر لها. سوف تستمر هذه العملية في الحدوث في أذهانكم بصرف النَّظر عمَّا إذا كانت السوق ترتفع أو تنخفض، أو ما إذا كانت قيمة الجنيه أو الدولار تنخفض. إنَّ ثروتك لا تعتمد أبدًا على السندات أو الأسهم أو الأموال في أيِّ بنك، فذلك كلُّه مجرد رموز (ضرورية ومفيدة، بالتأكيد). النقطة التي أودّ التأكيد عليها هي أنَّه إذا

أقنعت عقلك الباطن بأنَّ الثروة ملكك، وأنَّ هناك الكثير من المال يدور دائمًا في حياتك، فستحصل عليه دائمًا، بصرف النظر عن الشكل الذي يأخذه.

إذا كنت تعتقد أنَّ الثروة أو المال يعتمد على وظيفتك أو ساعات العمل، فإنَّ لديك مفهوم محدود، فأنت ملزم بمعتقداتك. هذا عالم السبب والأثر. وإذا كنت تشعر بالقلق والجَزَع بشأن المال، فإنَّ مزاج العَوَز هذا سيؤدي إلى عَوَز أكبر في المال. وموقفك العقلي هو السبب؛ مالٌ أقلُّ هو الأثر.

هناك شعور هو سبب العَوَز المالي في حياة الكثيرين. ويتعلم معظم الناس هذه الحقيقة بعد معاناة. إنَّه الحسد، فعلى سبيل المثال، إذا رأيت منافسًا يقوم بإيداع مبالغ كبيرة من المال في البنك، بينما أنت تودع مبلغًا ضئيلًا، فهل هذا يجعلك حسودًا؟ إنَّ طريقة التغلب على هذا الشعور هي أنْ تقول لنفسك: "أليس ذلك أمرًا رائعًا! أنا فَرِح بالازدهار الذي ينعم به هذا الرجل. أتمنى له مزيدًا من الثروة ".

هل تعرف ماذا تفعل؟ أنت في الواقع تقنع العقل الباطن بفكرة الثروة! إنَّ إضمار أفكارًا حسودة أمر مدمر لأنَّه يضعك في موقف سلبي جدًّا، لذلك تتدفق الثروة منك بدلًا من تدفقها إليك. إذا كنت منزعجًا أو متضايقًا من الازدهار أو الثروة

العظيمة لأحدهم، ادَّع فورًا أنَّك تريد حقًّا لهذا الشخص مزيدًا من الرخاء بكل طريقة ممكنة. فمن شأن ذلك تحييد الأفكار السلبية في عقلك، لجعل قدر أكبر من الثروة يتدفق إليك من خلال قانون العقل الباطن الخاص بك.

قد تعرف أشخاصًا يحاولون دائمًا كسب ما يكفي لتغطية نفقاتهم، ويبدو أنَّ لديهم صراعًا كبيرًا مع المال. هل استمعت إلى محادثاتهم؟ إنها تدور في كثير من الحالات حول هذا السياق، إنَّهم يُدينون باستمرار أولئك الذين نجحوا في الحياة، الذين يتكبَّرون عن العامة. ربما يقولون: "آه، ذلك الشخص لديه أعمال غير شريفة، إنه لا يرحم، إنه محتال". هذا هو السبب في أنهم يظلون في عَوَز؛ إنَّهم يُدينون الشيء الذي يرغبون فيه ويريدونه. إنَّ السبب الذي يجعلهم ينتقدون رفقاءهم الموسِرين هو أنهم يشعرون بالحسد والطمع بازدهار الآخر. إنَّ أسرع طريقة تصنع للثروة أجنحة لتطير بعيدًا هي انتقاد أو إدانة الآخرين الذين لديهم أموال أكثر منك.

هل تقول إنَّه لمْ تسنح لك فرصة إطلاقًا؟ هل تُلقي باللوم على أقاربك أو والدتك أو والدك لأنهم لم يساعدوك من قبل ماليًّا؟ توقف عن فعل هذا على الفور. تعلَّم أنَّ سرَّ الثروة هو الاستخدام الصحيح لعقلك. فجميع موارد هذا العقل اللانهائي

تدعمك، وتسعى للتعبير عن نفسها من خلالك، ولكن فقط إذا كان لديك موقفًا عقليًا متقبِّلًا.

إذا كنت قلقًا وتوجه الانتقادات لشخص تدَّعي أنَّه يحقق أرباحًا غير شريفة، فعليك التوقف عن القلق بشأن هذا الشخص، فإنَّك تعرف أنَّ هذا الشخص يستخدم قانون العقل استخدامًا سلبيًا، حسنًا، قانون العقل سيتولى أمره. تأكد من عدم انتقاده للأسباب التي ذكرتها سابقًا.

إذا كنت تواجه عقبة مالية، فإنّ العقبة في عقلك. يمكنك الآن تدمير تلك العقبة العقلية، لتكن على علاقة عقلية جيدة مع الجميع.

عندما تخلد للنوم الليلة، مارس العديد من الأساليب المشار إليها في هذا الكتاب. كرِّر كلمة "الثروة" بهدوء وانطلاق ومن أعماق قلبك. افعل ذلك مرارًا وتكرارًا كتهويدة. هدهد نفسك للنوم بكلمة واحدة: "الثروة"، وستنذهل من النتائج. لا بدَّ أنْ تتدفق الثروة إليك بكميات كبيرة، هذا مثال آخر على معجزات العقل الباطن.

الفصل الخامس
كيفية تطبيق العقل الباطن على المشاكل الزوجية

· ·

فترة ما قبل الزواج هي الوقت الأفضل لتفادي الطلاق فيما بعد. وإن الجهل بالقُوى الكامنة في داخلك هو سبب كلِّ مشاكلك الزوجية. تعلَّم كيفية جذب الزوجة المناسبة أو الزوج المناسب. على سبيل المثال، إذا كنتِ امرأة تبحث عن زوج، فلا تبدئي بالحديث مع نفسكِ عن جميع الأسباب التي تجعلكِ غير قادرة على الزواج، وبدلًا من ذلك، حدِّثي نفسك عن كلِّ الأسباب التي تجعلكِ زوجة سعيدة. احذفي كلمة "لا يمكنني" من مفرداتكِ. مَنْ تؤمن أنَّ بإمكانها، فسيكون بإمكانها! ومَنْ يؤمن أنَّ بإمكانه، فسيكون بإمكانه.

بتِّ الآن تعرفين الطريقة التي يعمل بها العقل الباطن. فأنتِ تعلمين أنَّ كلَّ ما تقنعيه به لا بدَّ أنْ تختبريه في عالمكِ. ابدئي الآن بإقناع عقلكِ الباطن بالصفات والخصائص التي تعجبكِ في الرجل.

إليكِ إحدى التقنيات: اجلسي ليلًا على كرسيكِ. أغلقي عينيكِ، ضعي كلَّ شيء وراءكِ، واسترخي، وكوني في حالة هدوء تامّ، واستسلام، وتقبُّل. تحدَّثي إلى عقلك الباطن – قولي له: "أنا الآن أجذب إلى حياتي رجلًا صريحًا، وصادقًا، ووفيًا، ولطيفًا، ومخلصًا، وموسِرًا. إنَّه مسالم وسعيد. هذه الصفات تغرق في عقلي الباطن الآن. وحينما أفكِّر في هذه الصفات، تصبح جزءًا منّي. أعلم أنَّ هناك قانون جذب لا يقاوم. بالتأكيد أنا أجذب رجلًا أو امرأة وفقًا لمعتقدات اللاوعي الخاصة بي. أنا أجذب ما أشعر به حقيقة في عقلي الباطن. بعبارة أخرى، أعلم أنَّه وفقًا للقانون، سأجتذب رجلًا أو امرأة وفقًا لمشاعري ومعتقداتي، وفقًا للانطباعات التي أُدخلت إلى عقلي الباطن فيما يتعلق بنوع الرجل أو المرأة التي أبحث عنها".

مارسوا عملية تشريب العقل الباطن تلك، وعندها ستشعرون بفرحة جذب رجل أو امرأة لها الصفات والخصائص التي أسهبتم في التفكير فيها. سيفتح ذكاء اللاوعي طريقًا لكما

للقاء وفقًا لقانون العقل الباطن الذي لا يُقاوم ولا يتغير. فلتكن لديكم رغبة شديدة في تقديم أفضل ما لديكم من الحب والإخلاص والتعاون، وكونوا مُتقبِّلين لهدية الحب هذه التي قدمتموها لعقلكم الباطن.

إنَّ الزواج بين الرجل والمرأة يجب أنْ يكون فعل حب. إنَّ الصدق والإخلاص واللطف والنزاهة هي أشكال من الحب. ويجب على كلِّ واحد منّا أنْ يكون صريحًا وصادقًا تمامًا مع الآخر. لا يكون الزَّواج زواجًا حقيقيًا عندما يتزوج الرجل امرأة مقابل مالها أو وضعها الاجتماعي أو ليرفع نفسه، لأنه ليس هناك إخلاص أو نزاهة في ذلك. ولا يكون قرارُ الزواج نابعًا من القلب، عندما تقول امرأة: "لقد سئمت من العمل، أريد أنْ أتزوج لأنني أريد الأمان"، عبارتها خاطئة. إنها لا تستخدم قوانين العقل استخدامًا صحيحًا. فأمانها يعتمد على معرفتها بالتأثير المتبادل بين العقل الواعي والباطن وتطبيقها.

على سبيل المثال، لن يفتقر رجل أو امرأة مطلقًا إلى الثروة أو الصحة إذا طبّقا التقنية المذكورة في فصول هذا الكتاب، إذْ يمكن لثروتهم أنْ تأتيهم بصرف النظر عن شريكهما أو والدهما أو أيّ شخص آخر. لا يعتمد الناس على أزواجهم لينعموا بالصحة أو السلام أو الفرح أو الإلهام أو التوجيه أو

الحب أو الثروة أو الأمن أو السعادة أو أيّ شيء في العالم، بل ينبع أمانُهم وطمأنينتهم من معرفتهم بالقوى الكامنة داخلهم. يجب أنْ يستخدموا باستمرار قوانين عقولهم بطريقة بنّاءة. إنَّ الزواج من أجل المال أو الانتقام هو بالتَّأكيد مهزلة أو شبيهٌ بحفلة تنكرية.

يجب على الرجل والمرأة أنْ يكونا مُوَحَّدَيْن ذاتيًّا، بمعنى أنْ يسود الحب الحقيقي أو الإحساس بالاتحاد. بعبارة أخرى، يتّحد القلبان بالحب والحرية والاحترام.

قال لي بعضهم: "آه، نحن نحب بعضنا، لماذا نتحمل عناء الزواج؟" إنَّ الإجابة عن هذا السؤال بسيطة للغاية: إنَّ ما نشعر به ونقبل به لا شعوريًا بأنَّه صحيح، سيتجسد بصورة دائمة أو سيظهر بصورة واضحة على أرض الواقع. لذلك فإنَّ منطقهم زائف وغير صادق. إنَّ قانون العقل هو: "ما هو في الداخل، كذلك يكون في الخارج".

لنأخذ حالة رجل أو امرأة ارتكبت خطأ غير مقصود، وتجد الآن نفسها متزوجة من مدمن مخدرات يرفض العمل، وعليها أنْ تعيله، وهو عديم الرحمة وقاسٍ. صحيح أنه بسبب حالتها العقلية، هي مَنِ استقطبت ذلك الرجل، ولكن ليس محكومًا عليها أنْ تعيش في عالم من البؤس بسبب مزاجها أو جهلها.

لو استخدمتْ عقلها الباطن بالطريقة الصحيحة، لما حدث هذا. (أنا متأكد من أنك إذا وقعت في قناة مائية، ربما انزلقت بسبب قشرة موز، فسيكون من السخف أنْ تلوم نفسك وتبقى في القناة. فمن الطبيعي أنه ينبغي عليك أن تخرج من القناة، وتنظِّف نفسك، وتواصل طريقك). حزمت تلك المرأة أمتعتها وتركت هذا الرجل.

أدركتْ أنّه كان موقفًا لا يُطاق. من المؤكد أنه ليس محكومًا على هذه المرأة العيش مع هذا الرجل عندما تفصل أميال بين قلوبهم وعقولهم. يمكنك ربط شخصين بحبل، وعلى الرغم من قربهما قد يكونا متباعدين بُعْدَ القطبين في التفكير والشعور ووجهات النظر.

تكونون مطلّقين عقليًا عندما تكون عقولكم وقلوبكم في مكان آخر. وبقاؤكم معًا في مثل هذه الظروف هو فوضى من جميع النواحي. الزواج هو اتحاد بين قلبين. ليس هناك زواج لا يرتبط فيه القلبان معًا برابطي الحب والسلام. يحدث الزنا في القلب أولًا، فالقلب هو محلُّ العواطف. وإذا كنت ممتعضًا من شريك حياتك أو تكرهه أو تنتقده من دون تسامح، فقد ارتكبت بالفعل الزنا في قلبك.

إن توجيه عملياتك العقلية والعاطفية في القنوات المدمرة والسلبية يعني ارتكاب الزنا. تذكر دائمًا أنَّ حالة الزنا تحدث في العقل. أمّا الأفعال الجسدية، فتتبع الحالات العقلية؛ لا تسبقها.

في أثناء قراءتك لهذه الصفحات ربما تقول: "أعرف زوجين شابين تزوجا حديثًا. كلاهما استخدم قوانين العقل؛ بديا سعيدين تمامًا في كلِّ شيء. والآن هما يفكران في الطلاق". يجب الحفاظ على الموقف العقلي الذي جذبهما وحبّها لبعضهما الآخر من أجل الحفاظ على الزواج. إذا نشأ خلاف أو حدث شجار طفيف، وأشغل أحد الشريكين عقله في فكرة سلبية مثل الاستياء أو العداء، فإنّه يتحد مع الخطأ في ذهنه. وهذا مدمر للسعادة الزوجية.

إنّ الشجارات والخلافات الصغيرة التي تحدث بين المتزوجين لا تُحدث ضررًا، بل الحقد المستمر أو البغضاء هما اللذان يسببان الضرر. عندما تُنسى كلُّ الكلمات القاسية وتُغفر بعد دقائق عدة، لن يحدث أيُّ ضرر. ولكنْ عندما يستمر الشعور بأنَّ أحدهم قد أُسيء له، فهنا يكمن الخطر.

إذا بدأ الرجل يطيل التفكير، وبدأ يشعر بالكآبة تجاه زوجته بسبب أشياء قالتها أو فعلتها، فكأنَّه يزني لأنَّه فكريًّا منشغل بما يُثير الألم والوجع. سيعرِّض هذا المزاجُ الزواجَ للخطر إلا إنْ سامحها كي يشعّ الحب وحسن النية تجاه شريكة حياته. ليمتنع الرجل الذي يشعر بالألم عن تعليقاته القاسية، وليذهب إلى أقصى حدّ من التفهّم واللطف والتهذيب. يمكنه أنْ يتخطَّى الخلافات بلباقة، ومن خلال الممارسة والجهد العقلي، يمكنه أنْ يتخلَّى عن عادة العداء، عندها سيكون قادرًا على الانسجام بشكل أفضل ليس مع زوجته وحسب، بل أيضًا مع شركاء عمله. عشْ في حالة من الانسجام، وستجد في نهاية المطاف السلام والانسجام.

دعونا نذكر بعض التعليقات حول الزوجة المتذمّرة. في كثير من الأحيان، يكون سبب تذمرها أنها لا تحظى بأيّ اهتمام، وغالبًا ما يكون الأمر الرغبة الشديدة في الحب والحنان. فامنحها ذلك. وهناك أيضًا نوع من المرأة المتذمرة التي تريد أنْ تجعل الرجل متوافقًا مع نمطها الخاص. إنَّ تلك هي أسرع طريقة في العالم للتخلص من الرجل.

يجب على الزوجة والزوج التوقف عن أنْ يكونا متصيّدِيْن للأخطاء – يبحثان دائمًا عن الهفوات والأخطاء البسيطة في بعضيهما. ليولي كلُّ واحد منهما الاهتمام للصفات الإيجابية والرائعة في الآخر ويُثني عليها.

إنَّ مناقشة مشاكلك أو مصاعبك الزوجية مع الجيران والأقارب خطأ جسيم. لنفترض، على سبيل المثال، زوجة تقول للجار: "جون لا يعطيني نقودًا، إنه يعامل والدتي بفظاظة، وهو يفرط في الشرب. إنّه يسيء لي ويكيل لي الإهانات باستمرار". إنَّ تلك الزوجة تحطّ من قدر زوجها وتقلل من شأنه في أعين جميع الجيران والأقارب؛ لمْ يعد يظهر كزوج مثالي لهم.

لا تناقشي مشاكلك الزوجية على الإطلاق مع أيِّ شخص باستثناء مستشار مدرّب. لماذا تسمحين لكثير من الناس بأن يأخذوا انطباعًا سلبيًّا عن زواجك؟ إضافة إلى ذلك، عندما تناقشين عيوب زوجكِ تلك وتطيلين التفكير فيها، فإنَّكِ تقومين في الواقع بإحداث تلك الحالات داخلكِ. مَن يفكر ويشعر بذلك؟ أنتِ! مثلما تفكرين وتشعرين، كذلك تكونين.

عادة ما يعطيكِ الأقارب نصيحة خاطئة، فهي في الغالب متحيزة ومتحاملة، لأنها لمْ تُعطَ من منظار غير شخصي،

فأيَّ نصيحة تتلقينها تنتهك القاعدة الذهبية – وهذا قانون عامّ– ليست جيدة أو سليمة.

من الجيد أنْ نتذكر أنه لمْ يسبق أنْ عاش شخصان تحت سقف واحد من دون أيِّ تضاربٍ في المزاج أو فترات إساءة أو توتر. لا تُظْهرن على الإطلاق الجانب التعيس من زواجكن إلى أصدقائكن، وأبقين المشاجرات سرًّا، وامتنعن عن انتقاد شريك حياتكن ولومه.

إذا كان هناك أطفال في البيت، ينبغي أن يمدح الأب أمهم، ويلفتَ الانتباه في بعض الأحيان إلى صفاتها الرفيعة والجوانب السعيدة للمنزل.

يجب على الزوج ألا يحاول أنْ يجعل من زوجته نسخة ثانية عن نفسه. إنَّ المحاولة غير اللبقة لتغييرها بطرق كثيرة هي محاولة غريبة عن طبيعتها. وهي دائمًا محاولات سخيفة، وتؤدي في كثير من الأحيان إلى تفكك الزواج. إنَّ تلك المحاولات التي ترمي لتغييرها تُدمِّر كبرياءها وتقديرها لذاتها، وتثير روح التباين وكذلك الاستياء الذي ثبُت أنه مدمِّر لرابطة الزواج.

بالتأكيد، التَّغييرات أمر ضروري، ولكنْ إذا كانت لديكِ نظرة جيدة داخل عقلكِ ودراسة لشخصيتك وسلوكك،

فستجدين الكثير من أوجه القصور ما يكفي لتبقي مشغولة طوال حياتك. إذا قلتِ: "سأحسّن فيه لأصنع منه الرجل الذي أريده" فأنتِ تبحثين عن المتاعب ومحكمة الطلاق. أنتِ تطلبين البؤس، وسوف تتعلمين بعد معاناة أنه لا يوجد شخص ينبغي أن يتغيَّر إلا نفسكِ.

إذا كان لديكِ مشكلة زوجية، اسألي نفسكِ ما الذي تريدينه، ثمّ ضعي في اعتباركِ أنه بإمكانكِ تحقيق هذا الهدف، وسوف تحلّ مشكلتك الزوجية شأنها شأن أيّ مشكلة أخرى. حددي بوضوح ما تريدينه، ثمّ ضعي في اعتبارك أنَّ ما ينشغل فيه العقل، يُوجِدُه.

أخبرتني امرأة ذات مرة أنه بعد مرور 30 عامًا، بدأ زوجها يشرب بكثرة، وأهمل منزله وأطفاله. بدأتْ تطلب السلام والوئام لمنزلها ولقلبها. ولم تُعِرْ اهتمامًا للظروف أو الأحوال. شغلت عقلها بهدوء بهدفها، وكلها يقين بأنَّ عقلها الباطن سوف يجلب ما أعطته انتباهها ويضخّمه. عاد الوئام والسلام مرة أخرى بعد بضعة أشهر من التفاني لهدفها الحقيقي. هذا مثال على معجزات العقل الباطن.

فلو حاربت تلك المرأة الوضع باستياء وانزعاج، لكانت ستزيد بذلك الأمورَ سوءًا. إذا حدثت في المنزل مشاجرات ومشاحنات، الفت انتباهك بعيدًا عنها وعن جميع الشخصيات والبيئات والظروف، وركزه على مثلك الأعلى، وهو الحب والسلام والوئام. عندما تغذي عقلك على هذه الأفكار، فإنّ العقل الباطن سوف يستجيب ويحقق الانسجام. غالبًا ما أُسأل هذا السؤال: "إذا كان لدى أحد الشريكين رغبة شديدة في إنهاء الزواج، وكان لدى الآخر الرغبة نفسها في البقاء متحدين بالزواج، وكلاهما مخلصان، ماذا سيحدث؟ في مثل هذه الحالات هناك لعبة شدّ الحبل العقلي، إنه بيت منقسم على نفسه، وعاجلًا أم آجلًا سوف يتفكك. ولكنْ قد يطيل موقفُهما العقليُّ الوضعَ.

إنَّ الطريقة المناسبة والصحيحة لحلِّ هذه المشكلة الزوجية هي رفع الفكر فوق الشخصيات والظروف. ابدأ بتوجيه فكرك نحو رغبتك الحقيقية، وثقْ في الذكاء اللامحدود داخلك لإيجاد الحلّ الأمثل. ومن خلال التطبيق الصحيح لقانون العقل الباطن، يمكنك تحقيق الانسجام عندما يكون هناك خلاف لإحياء السلام حيثما يسود الارتباك. إضافة إلى ذلك، يمكن للتطبيق الصحيح للعقل الباطن أنْ يُفكك زواجًا سيئًا.

لا تدع الكبرياء الأعمى والغضب والرغبة في الانتقام يصلون بك إلى محكمة الطلاق، في حين أن قلبك وقلب الزوج الذي تركته واحد. دع الحب وحسن النية واللطف يعودون بك إلى الشخص الذي تحبه في قلبك. يمكنك شفاء أيّ مشكلة من خلال التطبيق والتوجيه الصحيحين للعقل الباطن.

ربما يمنعك الاستماع إلى الحدس أو التوجيه الذي يأتي من الحكمة الذاتية في داخلك من وضع حدّ للزواج الحالي. لمْ تكنْ تعرف كيفية استخدامها، أمّا الآن فأنت تفعل. إذا كانت البداية سيئة، يمكنك تعديلها الآن باستخدام الإجراء والتقنيات المذكورة في هذا الفصل. ومن خلال الإشادة ورفع الروح المعنوية لشريك حياتك في التفكير والشعور، ومن خلال تثمين الصفات الجميلة التي جمعت بينكما، يمكنك جعل زواجك تجربة جميلة ومصدرًا للفرح إلى الأبد.

الفصل السادس
العقل الباطن والتوجيه

مؤخَّرًا في أثناء شرح طريقة عمل العقل الباطن إلى صف في إحدى الكليات، قال أحد الطلاب الحاضرين إنَّ حلَّ مشكلته جاء إليه بينما كان يحلق. السبب في ذلك هو أنه بينما يفعل ذلك، كان مسترخيًا، ثمّ طَفَتْ حكمة وبصيرة العقل الباطن إلى سطح عقله.

كان هذا الرجل منكبًّا بشدة ووعي على مشكلته لأيام عدَّة. ومن خلال الالتزام بالتعليمات التالية، حصل على النتائج: عندما كان على وشك النوم ليلًا، كان يقول: "الآن سأحوِّل هذا الطلب إلى ذهني الأعمق؛ أعلم أنَّ لديه الجواب، وسأحصل عليه".

في الفصل الأول، أخبرتك بأنَّ العقل الباطن سيوقظك في السادسة صباحًا، لأنك فكَّرت في ذلك الوقت قبل أنْ تذهب للنوم. وبالطريقة نفسها، تولَّى العقل الباطن قضية الرجل، وبفضل امتلاكه لحكمة فائقة، استنتج منطقيًا الإجابة المثالية وأعطاها إليه.

ستلاحظ غالبًا أنه بعد الاستيقاظ على الفور، ستأتي الإجابة إليك لأنك ما زلت نصف نائم ونصف مستيقظ؛ تبرز حكمةُ العقل الباطن في ذلك الوقت.

عندما تواجه مشكلة، ماذا تفعل؟ كثير من الناس يقلقون ويجزعون من المشكلة، وهذا ما يزيد الأمور سوءًا، لأنّ العقل الباطن دائمًا ما يضخّم ما نقنعه به.

يشبّه كثيرون العقل الباطن ببنك، وأنت تقوم بإيداع الودائع باستمرار في هذا البنك العالمي. تأكد من إيداع بذور السلام والوئام والإيمان وحسن النية، وستتضاعف ألف مرة، ثُمَّ سيكون الرخاء وحسن الحظ حصادك. كيف تجد تفاعلك مع مشاكل اليوم وبيئتك؟ إذا كنت تتفاعل مع الغضب والمرارة والنقد والاستياء، فأنت في هذه الحالة تقوم بإيداعها في البنك الذي في داخلك. وعندما تحتاج إلى القوة والإيمان والثقة، لن تستطيع إخراجها لأنك لمْ تضع هذه الصفات في مصرفك.

ابدأ الآن في إيداع الفرح والحب والسلام والفكاهة، أشغل عقلك بهذه الأشياء، وعندها سيعطيك بنك اللاوعي فائدة مركبة، وسوف تتضاعف إلى حدٍّ لمْ تحلم به على الإطلاق.

عندما يكون لديك ما تسمّيه قرارًا صعبًا، أو عندما تفشل في رؤية حلٍّ لمشكلتك، ابدأ على الفور في التفكير تفكيرًا بنّاءً حول ذلك الموضوع. وإذا كنت خائفًا أو قلقًا، فأنت في الواقع لا تفكّر. يتمثل الفكر الحقيقي في التفكير فيما هو صحيح وعادل وصادق وجميل – ظروف جيدة. إنَّ التفكير الحقيقي خال من الخوف، والسبب الحقيقي وراء خوفك هو أنَّ لديك فكرة خاطئة، أو أنك تنظر للأشياء من منظار خاطئ. ومن المحتمل أنك تعتقد أنّ الأشياء الخارجية والأحوال والظروف تتحكم فيك وأنها مسبّب. تذكر، لديك السيادة على البيئة والظروف الخاصة بك.

إليك تقنية بسيطة يمكنك اتباعها: دع عقلك في حالة هدوء وجسدك في حالة سكون، وقلْ له بأنْ يسترخي، يجب أنْ يطيعك. ليس لديه أي إرادة أو مبادرة أو ذكاء خاص به، فهو قرص عاطفي يسجل معتقداتك وانطباعاتك. عطّل انتباهك، وركز أفكارك على حلِّ مشكلتك. حاول حلَّها بعقلك الواعي. فكر كمْ ستكون سعيدًا بالحل المثالي. إذا كان عقلك يتجول،

ردَّه برفق. في تلك الحالة من النعاس، قلْ بهدوء وإيجابية: "الجواب عندي الآن. أعلم أنَّ عقلي الباطن يعرف الجواب".

عش الآن في المزاج أو الشعور بالحلّ. أحسّ بالشعور الذي سينتابك إذا كانت الإجابة المثالية في حوزتك الآن. دغْ عقلك يلعب بهذا المزاج باسترخاء، ثم اخلد إلى النوم. قد تغفو بأسرع مما كنت تتوقع، لكنك كنت تفكر في الإجابة؛ الوقت لمْ يُهدر. وعندما تستيقظ، إذا لمْ تحصل على الجواب، انشغل في القيام بشيء آخر. ربما عندما تنشغل بشيء آخر، ستأتي الإجابة إلى ذهنك كما يقفز الخبز المحمص من آلة التحميص.

لا تفكر أبدًا في مشكلتك بهذه الطريقة: "الأمور تزداد سوءًا. لنْ أصل إلى الجواب أبدًا، "لا أرى مخرجًا"، "إنه أمر ميؤوس منه". أنت بذلك تخالف القانون، وتفسد العمل الجيد الذي قمت به. إنَّ التفكير في الإجابة ينشط ذكاء العقل الباطن، الذي يعرف كلّ شيء، ويرى كلّ ما هو "معرفة" لازمة لحقيق الإنجاز.

العقل الباطن لديه القدرة على الابتكار، وهو كذلك يمتثل للأوامر التي يصدرها إليه العقل الواعي. تذكر دائمًا هذه الحقيقة البسيطة: العقل الواعي لديه قوة الاختيار؛ العقل الباطن يفعل ما يُطلب منه القيام به. وهذا الأخير يقبل معتقداتك وقناعاتك ليستحضرها إلى تجربتك. إنها قوة خلاقة لا نهائية.

تلقيت قبل مدة قُصاصة من مجلة تصف كيف حلَّ الدكتور بانتينج مشكلة مرض السكري لديه. لقد درس المرض دراسة عميقة. وفي إحدى الليالي استيقظ في الساعات الأولى من الصباح بالإجابة المتمثلة باستخراج المادة من القناة البنكرياس التنكّسية عند الكلاب؛ كان هذا هو مصدر الأنسولين، الذي ساعد الملايين من الناس.

هذا لا يعني أنك ستحصل دائمًا على إجابة خلال ليلة، فقد لا تأتي الإجابة لأسابيع أو شهور. لا تشعر بالإحباط، واستمر في نقل الأمر كلَّ ليلة إلى العقل الباطن قبل النوم، كما لو كنت لمْ تفعل ذلك من قبل.

قد يكون أحد أسباب التأخير أنك تنظر إلى الأمر على أنه مشكلة كُبرى، وقد تعتقد أنّ الأمر سيستغرق وقتًا طويلًا لحله.

إنَّ العقل الباطن متحرر من القيود الزمانية والمكانية. اخلد للنوم مؤمنًا بأنَّ لديك الإجابة الآن، وأنَّ الحلَّ في حوزتك الآن. لا تفترض أنَّ الإجابة ستأتي في المستقبل. ليكن لديك إيمان راسخ في النتيجة. ولتكن مقتنعًا الآن، وأنت تقرأ هذا الكتاب، أنَّ هناك إجابة وحلًّا مثاليًا لك.

إليك طريقة بسيطة جدًّا استُخدمت منذ زمن قديم للحصول على إجابة من العقل الباطن: فكّر بهدوء فيما تريده، مثل الإجابة، أو الحلّ المتناغم، أو القرار الصحيح. وأفضل وقت لإيصال الطلب هو قبل النوم. استرخِ، أوقف عجلات عقلك، أوحِ بالنوم لنفسك. ستبدأ بالشعور بالنعاس، لكنك ما تزال واعيًا وقادرًا على توجيه انتباهك.

على سبيل المثال، يمكنك سماع صرخة الطفل في الغرفة المجاورة، أو يمكنك سماع شخص ما يتجول في المنزل. تكون في حالة مشابهة للنوم، بين حالتي اليقظة والنوم. (تسمي مدرسة "نانسي سكول أف ثيرويوتكس" تلك الحالة بحالة "الاستغراق في التفكير"). إنك تتحدَّث، في هذه الحالة التأملية، مع العقل الباطن ليتولَّى أمر مشكلتك أو طلبك، ويتحقق هذا التمرير إلى العقل الباطن بأفضل صورة من خلال العملية المذكورة في السابق. لا تضع نصب عينيك أيَّ خصم، ولا تستخدم أيَّ قوة إرادة. تخيّل النهاية، والحلّ، وحالة الحرية. افعل ذلك بكامل البساطة والبراءة. وليكن لديك إيمان بسيط وطفولي أشبه بالمعجزة. تصوَّر نفسك من دون المشكلة. تخلّص من كلِّ الروتين الموجود في العملية.

إنّ الطريقة البسيطة هي الأفضل. إليك هذا المثال: لقد فقدتُ خاتمًا ثمينًا، كان إرثًا. وقد بحثت في كلِّ مكان عنه ولمْ أستطع العثور عليه. قررت أن أمارس ما أعظ به! في الليل تحدَّثت إلى العقل الباطن بالطريقة نفسها التي أتحدث فيها مع أيّ شخص. فقلت له قبل أنْ أخلد إلى النوم: "أنت تعرف كلَّ شيء، وتعرف أين ذلك الخاتم، والآن تكشف لي مكانه". وفي الصباح استيقظت فجأة وكلمات ترن في أذني: "اسأل روبرت!"

روبرت هو ابننا، وهو في الـ 14 من عمره، فاعتقدت أنَّ من الغريب جدًّا أنْ أسأل روبرت. ومع ذلك، اتبعت صوت حدسي الداخلي.

قال روبرت: "آه، نعم، أنا التقطته عن الرصيف أمام المنزل. إنَّه في درجي؛ لم يبدُ ثمينًا جدًّا، لذلك لمْ أقل شيئًا عن الأمر!" سيجيبك العقل الباطن دائمًا إذا كنت تثق به.

حدثت مؤخرًا لشاب في أحد الصفوف هذه القصَّةُ: انتقل والده إلى البعد التالي، ويبدو أنه لمْ يترك أي وصية. ولكنَّ شقيقة ذلك الرجل أخبرته أنَّ والدهما قال لها إنه قد أعدَّ وصية عادلة للجميع. فشلت جميع محاولات العثور على الوصية. وخلال درس مغلق حول "معجزات العقل الباطن"، وضع هذا الشاب ما سمعه موضع التطبيق. فعندما ذهب إلى

النوم، قال: "أقوم الآن بتحويل هذا الطلب إلى العقل الباطن. إنّه يعرف تمامًا مكان تلك الوصية، وهو يكشفه لي"، ثُمَّ كثَّف طلبه بكلمة واحدة: "أجب"، وكررها مرارًا وتكرارًا كما لو كانت تهويدة، وهدهد نفسه للنوم بتلك الكلمة نفسها.

راود هذا الطالب حلمٌ في تلك الليلة، حلم واقعي ومفعم بالحيوية للغاية حيث رأى اسم بنك في لوس أنجلوس وعنوانه. ذهب إلى هناك ووجد صندوق ودائع آمن مسجل باسم والده، فانحلّت جميع مشاكله.

إنَّ تفكيرك في أثناء خلودك للنوم يُثير الكمون القوي في داخلك. على سبيل المثال، لنفترض أنك تتساءل عما إذا كنت تريد بيع منزلك أو شراء سهم معين أو قطع شراكة أو الانتقال إلى نيويورك أو الإقامة في لوس أنجلوس أو حلّ عقد حالي أو الدخول في عقد جديد. افعل هذا: اجلس بهدوء على كرسيك أو على المكتب في مكتبك، وتذكر أنَّ هناك قانونًا عالميًا للفعل وردّ الفعل. الفعل هو تفكيرك، وردّ الفعل هو الاستجابة من عقلك الباطن. إنَّ العقل الباطن هو ردّ فعل وانعكاسي، هذه طبيعته، فهو يستجيب، يكافئ، يجازي؛ إنه قانون المراسلة. فالعقل الباطني يستجيب بالمراسلة.

عند التفكير في الإجراء الصحيح، ستواجه تلقائيًا ردّ فعل أو استجابة في نفسك. لقد استخدمت الآن الذكاء اللانهائي الكامن في العقل الباطن إلى الحدّ الذي يبدأ عنده باستخدامك، من الآن فصاعدًا، يجري توجيه مسار العمل والتحكم فيه من خلال الحكمة الذاتية في داخلك، الحكمة الكلية والقديرة. قرارك سيكون مصيبًا؛ لن يكون هناك سوى الإجراء الصحيح لأنك تخضع لإلزام ذاتي لفعل الشيء الصحيح. أنا أستخدم كلمة "إلزام" لأنَّ قانون اللاوعي إلزامي.

إنَّ قناعاتنا ومعتقداتنا النابعة من اللاوعي تُملي علينا كلَّ أعمالنا الواعية. ويكمن سرُّ التوجيه أو العمل الصحيح في تكريس نفسك عقليًا للحلِّ الصحيح حتى تجد استجابتها في داخلك. إنَّ الاستجابة هي شعور، ووعي داخلي، وتأكيد حدسي لا يقاوم تعرف بموجبه أنك تعرف. لقد استخدمت القوة إلى الحدّ الذي هي عنده باستخدامك. لا يمكنك أنْ تفشل أو أنْ تقوم بخطوة خاطئة عندما تعمل تحت إشراف الحكمة الذاتية داخلك.

فكر في حديقة عندها ستفهم الجانب المزدوج للعقل، والقانون الشخصي الذي يعمل بموجبه. إنَّ العقل الواعي يزرع البذور في التربة، وهو يقرر أيَّ نوع من البذور ستُزرع.

وكما تعلمون، ينمو في التربة كلُّ ما هو مزروع، سواء أكان عنبًا أم أشواكًا.

وبالمثل، انظر إلى العقل الباطن كما لو كان تربة، فهو يحتوي على جميع العناصر الضرورية والأساسية للنمو. ودعونا ندرك مرة أخرى أنَّ خروج النباتات من التربة أمر طبيعي، ويُعَدُّ هذا من طبيعتها، ولكنْ كما تعلمون، إنَّ التربة لا تهتم على الإطلاق بما تُخرجه؛ لا يهمها ما إذا كانت ستخرج شجرة إجاص أو شجرة تفاح، فكلُّ قوانين الطبيعة ستُنتهك إذا ما رفضت التربة إنتاج أو إخراج نباتات سامة.

الأمر نفسه ينطبق تمامًا على العقل الباطن، فهو فاعل؛ لا يطرح عليك أيَّ أسئلة ولا يرد عليك بفظاظة؛ إنه يقبل ما تودعه فيه كي ينتجه في تجربتك، سواء أكانت جيدة أم سيئة. تعلَّم كيفية استخدام عقلك الباطن استخدامًا بنّاءً وحكيمًا ومتعقّلًا.

أريد تأكيدَ هذه الحقيقة المهمة: ستحصل دائمًا على التوجيه فيما يتعلق بالموضوع الذي يشغل تفكيرك بصورة أكبر. إنَّ العقل الباطن غير شخصي ولا يُعير اعتبارًا للأشخاص. فإذا بدأت، على سبيل المثال، بالتفكير في كيفية إشعال النار في مبنى ما دون أنْ يُكتشَف أمرُك، فسوف تأتيك الأفكار

والخواطر للاستخدامات الشريرة والمدمرة للنار. إنَّ الطاقة أو القوة العالمية في حدِّ ذاتها غير ضارة تمامًا، ولكنْ يمكنك استخدامها لأغراض بنّاءة صالحة أو مدمرة.

لنأخذ مثلًا الطاقة الذرية التي نقرأ عنها كثيرًا. إنَّها غير مؤذية على الإطلاق. أنت تعرف جيدًا أنَّ خطر الطاقة الذرية يكمن في ذهن البشر، إذْ يُمكن استخدام الطاقة الذرية لتدفئة منزل أو إضاءته أو لتدمير الآلاف من الناس.

أنت تتلقى التوجيه وفقًا لما تفكر فيه عادة. فإذا كنت تفكر في المخاوف والمتاعب والفشل وحسب، فسوف تتوجَّه نحو الاتجاه الخاطئ، أيْ إنَّك ستعاني مزيدًا من الفوضى والارتباك.

خذْ هذه الفكرة العظيمة وفكّر فيها مليًّا. ليس هناك ما تخشاه في الكون بأكمله! لديك قوة السيطرة عن طريق الاستخدام الحكيم لعقلك الباطن. اجلس بهدوء الآن، وفكر في بحيرة جميلة على قمة جبل. إنها ليلة هادئة. وعلى سطح البحيرة الصافية الهادئة، تشاهد النجوم أو القمر أو الأشجار القريبة. وإذا تعكَّر صفو البحيرة، فلن ترى النجوم أو القمر. وبالمثل، ليكن عقلك في حالة من الهدوء والاسترخاء، وضعْ كلَّ شيء وراءك. فكر في السلام والسكون، ثمَّ على المياه العاكسة لعقلك ستطفو الإجابة عن سؤالك!

حول الكاتب

وُلد جوزيف ميرفي في 20 مايو 1898، في بلدة صغيرة في مقاطعة كورك في إيرلندا. كان والده، دنيس ميرفي، رجل دين وأستاذًا في المدرسة الوطنية الإيرلندية، وهي منشأة يسوعية. وكانت والدته، إلين ني كونيلي، ربّة منزل، وقد أنجبت في وقت لاحق ابنًا آخر اسمه جون وابنة اسمها كاترين.

نشأ جوزيف في أسرة كاثوليكية متزمّتة. وكان والده متديّنًا جدًّا، وكان في الواقع أحد الأساتذة العلمانيين القلائل الذين درسوا الإكليريكيين اليسوعيين. كان لديه معرفة واسعة بالعديد من الموضوعات وقد زرع في ابنه الرغبة في الدراسة والتعلُّم.

كانت إيرلندا في ذلك الوقت تعاني من إحدى أزمات الكساد الاقتصادي العديدة، وكانت العديد من العائلات تتضور جوعًا. وعلى الرغم من أنَّ دينيس ميرفي كان يحظى بوظيفة ثابتة، فإنَّ دخلَهُ كان بالكاد يكفي لإعالة الأسرة.

التحق جوزيف الصغير بالمدرسة الوطنية وكان طالبًا شديد الذكاء. شُجِّع على دراسة الكهنوت وقُبل بصفته طالبًا لاهوتيًا يسوعيًا. ولكنْ في أواخر سنِّ المراهقة، بدأ يُشكك في الأرثوذكسية الكاثوليكية لليسوعيين وانسحب من مدرسة اللاهوت. ولما كان هدفه هو استكشاف أفكار جديدة واكتساب خبرات جديدة — وهو هدف لمْ يتمكن من بلوغه في إيرلندا التي يهيمن عليها الكاثوليك — فقد ترك عائلته متوجِّهًا إلى أمريكا.

وصل إلى مركز الهجرة في جزيرة إيليس وليس بحوزته سوى خمسة دولارات. وكان أول مشروع له هو إيجاد مكان للعيش فيه. وكان محظوظًا بالعثور على منزل مؤلف من غرف للإيجار حيث تشارك غرفة مع صيدلي يعمل في صيدلية محلية.

كانت معرفة جوزيف باللغة الإنجليزية قليلة، حيث كان يتحدث الغاليك في منزله وفي المدرسة، ومثل معظم المهاجرين الأيرلنديين عمل جوزيف عاملًا يوميًا، وكسب ما يكفي لطعامه ومسكنه.

أصبح هو وزميله في الغرفة صديقين حميمين، وعندما سنحت له وظيفة في الصيدلية حيث عمل صديقه، عُيِّن مساعدًا للصيدلي. التحق فورًا في مدرسة لدراسة الصيدلة. وبفضل ذكائه الحاد ورغبته في التَّعلُّم، لمْ يستغرق الأمر طويلًا قبل أنْ يجتاز جوزيف امتحانات التأهيل وأصبح صيدليًا بكل معنى الكلمة. وبدأ الآن يجني ما يكفي من المال لاستئجار شقته الخاصة. وبعد بضع سنوات، اشترى صيدلية، وعلى مدى السنوات القليلة التالية، أدار مشروعًا ناجحًا.

عندما دخلت الولايات المتحدة الحرب العالمية الثانية، انضم جوزيف للجيش، وكُلِّف بالعمل صيدليًا في الوحدة الطبية التابعة لفرقة المشاة الثامنة والثمانين. وفي ذلك الوقت، جدد اهتمامه بالدين، وبدأ يقرأ على نطاق واسع حول المعتقدات الدينية المختلفة. وبعد إعفائه من الجيش، اختار عدم العودة إلى مهنة الصيدلة. فسافر كثيرًا، واتبع دورات في العديد من الجامعات في كلٍّ من الولايات المتّحدة وخارجها.

أُعجب جوزيف كثيرًا بالديانات الآسيوية المختلفة من دراساته، فذهب إلى الهند للتعرف إليها بعمق. ودرس جميع الديانات الكبرى من وقت بدايتها. وشملت تلك الدارسة الفلاسفة العظماء من العصور القديمة وحتى الوقت الحاضر.

وعلى الرغم من أنَّه درس مع بعض الأساتذة الأكثر ذكاء وبُعْد نظر، فإنَّ الشخص الأكثر تأثيرًا في جوزيف هو الدكتور توماس تروارد، الذي كان قاضيًا وفيلسوفًا وطبيبًا وأستاذًا. فأصبح القاضي تروارد معلم جوزيف. ولم يتعلم منه الفلسفة واللاهوت والقانون وحسب، بل تعرَّف كذلك على التصوف وبالأخص النظام الماسوني، وأصبح عضوًا فاعلًا في هذا النظام، وارتقى على مرّ السنين في صفوف الماسونية إلى الدرجة 32 في الطقوس الاسكتلندية.

وعند عودته إلى الولايات المتحدة، اختار جوزيف أنْ يصبح رجل دين وأنْ يُطلع الجمهور على معرفته الواسعة. وبما أنَّ مفهومه للمسيحية لم يكن تقليديًّا، بل كان في الواقع يتعارض مع معظم الطوائف المسيحية، فقد أسس كنيسته الخاصة في لوس أنجلوس. وقد اجتذب عددًا صغيرًا من المُصلّين، ولكنْ لمْ تلبث أنْ جذبت رسالته عن التفاؤل والأمل بدلًا من مواعظ كثير من رجال الدين عن "الخطيئة واللعنة" الكثير من الرجال والنساء إلى كنيسته.

كان الدكتور جوزيف ميرفي مؤيّدًا لحركة الفكر الجديد. تطورت هذه الحركة في أواخر القرن التاسع عشر وأوائل القرن العشرين على يد العديد من الفلاسفة والمفكرين الذين درسوا

هذه الظاهرة ونشروا وكتبوا ومارسوا طريقة جديدة للنظر إلى الحياة. ومن خلال الجمع بين المقاربة الميتافيزيقية والروحية والبراغماتية مع الطريقة التي نفكر ونعيش فيها، اكتشفوا سر تحقيق ما نريده حقًّا.

دعا مؤيدو حركة الفكر الجديد إلى فكرة جديدة للحياة تكشف طرقًا جديدة ونتائج أكثر كمالًا، ونحن لدينا القدرة على استخدامها لإثراء حياتنا. يمكننا أنْ نفعل كلَّ هذه الأشياء فقط عندما نجد القانون ونتوصل إلى فهم القانون، الذي بدا أنَّ الله قد كتبه في ألغاز في الماضي.

لم يكن بالتأكيد الدكتور ميرفي رجل الدين الوحيد الذي يدعو إلى هذه الرسالة الإيجابية. فقد أُنشئت وطُوّرت العديد من الكنائس، التي تأثر رجال دينها ورعيّتها بحركة الفكر الجديد، خلال العقود التي تلت الحرب العالمية الثانية. وتدعو كنيسة العلوم الدينية وكنيسة الوحدة وأماكن عبادة مماثلة إلى فلسفات مماثلة لذلك. وقد سمّى الدكتور ميرفي منظمته باسم كنيسة العلوم الإلهية. وكان غالبًا ما يشارك المنصات ويجري برامج مشتركة مع زملائه ذوي التفكير المماثل، ودرَّب رجال ونساء آخرين للانضمام إلى قِسّيْسِيّتِهم.

ومع مرور السنين، انضمت إليه كنائس أخرى في إنشاء منظمة تسمى اتحاد العلوم الإلهية، والتي تعمل مظلة لجميع كنائس العلوم الإلهية. ويواصل جميع قادة كنيسة العلوم الإلهية الحثّ على مزيد من التعليم، وكان الدكتور ميرفي أحد القادة الذين دعموا إنشاء كلية العلوم الإلهية في سانت لويس في ميسوري، لتدريب رجال دين جدد وتوفير التعليم التعليمي المستمر لكلّ من رجال الدين والرعية.

كان حضور الاجتماع السنوي لرجال دين العلوم الإلهية إلزاميًا، وكان الدكتور ميرفي متحدِّثًا متميِّزًا فيه. وكان يشجع المشاركين على الدراسة والاستمرار في التعلم، خاصة حول أهمية العقل الباطن.

وعلى مدى السنوات القليلة التالية، ازداد عدد رعية كنيسة ميرفي للعلوم الإلهية المحلية إلى حدّ أصبح فيه المبنى صغيرًا للغاية، فأصبح من المتعذر استيعابهم. فاستأجر مسرح ويلشاير إبيل، وهو مسرح سينما سابق. وكانت أعداد الحضور في قدّاسه كبيرة لدرجة أنَّه حتى هذا المكان لم يستطع دائمًا استيعاب كلّ من يرغب في الحضور. وكانت الدروس التي يلقيها الدكتور ميرفي والموظفون التابعون له تكمل قداس الأحد الذي كان يحضرها ما بين 1300 إلى 1500 شخص. وكان

يتم استكمال تلك الدروس بالندوات والمحاضرات التي كانت تُعقد معظم أيام المساء. بقيت الكنيسة في مسرح ويلشاير إبيل في لوس أنجلوس حتى عام 1976، عندما انتقلت إلى موقع جديد في لاجونا هيلز في كاليفورنيا، بالقرب من مجمع سكني للمتقاعدين.

ولكي يصل الدكتور ميرفي إلى أعداد هائلة من الناس الذين أرادوا سماع رسالته، فقد أنشأ برنامجًا حواريًا إذاعيًا أسبوعيًا كان يصل في النهاية إلى جمهور من أكثر من مليون مستمع.

أراد الكثير من أتباعه أكثر من مجرد ملخصات، فاقترحوا أنْ يقوم بتسجيل محاضراته وبرامجه الإذاعية. تردَّد في البداية لفعل ذلك، لكنَّه وافق على التجربة، فسُجّلت برامج الراديو الخاصة به على أقراص فونوغراف كبيرة جدًّا، وهي ممارسة شائعة في ذلك الوقت. وتمّ تسجيل ستة أشرطة من أحد هذه الأقراص ووضعها على طاولة الاستعلام في بهو مسرح ويلشاير إبيل، فبيعت في الساعة الأولى، فكانت تلك بداية مشروع جديد. فلم يتم بيع شرائطه محاضراته التي تشرح النصوص التوراتية وتقدم تأملات وصلوات لمستمعيه في كنيسته وحسب، وإنما في الكنائس الأخرى ومحلات بيع الكتب وعبر البريد.

ومع ازدياد أعداد رعايا الكنيسة، أضاف الدكتور ميرفي فريقًا من الموظفين الفنيين والإداريين لمساعدته في العديد من البرامج التي شارك فيها وفي البحث وإعداد أولى كتبه. وكان أحد أكثر أعضاء فريقه فعالية هو سكرتيرته الإدارية، الدكتورة جان رايت. وتطورت علاقة العمل إلى قصة حب وتزوجا، وهي شراكة استمرت مدى الحياة وأثْرَت حياتهما.

في هذا الوقت (خمسينيات القرن العشرين)، كان هناك عدد قليل جدًّا من الناشرين الكبار للمواد التي تتناول الإلهام الروحي. عثرت عائلة ميرفي على بعض الناشرين الصغار في منطقة لوس أنجلوس وأنتجت معهم سلسلة من الكتب الصغيرة (مكوّنة في الغالب من 30 إلى 50 صفحة مطبوعة في شكل كتيب) وكانت تُباع، معظمها في الكنائس، من 1.50 إلى 3 دولارات للكتيب الواحد. وعندما ازدادت الطلبات على هذه الكتب إلى الحدّ الذي احتاج فيه الأمر إلى طبعة ثانية وثالثة، أدرك كبار الناشرين أنَّ هناك سوقًا لهذه الكتب وأضافوها إلى قائمتهم.

أصبح الدكتور ميرفي ذائع الصيت خارج منطقة لوس أنجلوس نتيجة لكتبه وأشرطته وبرامجه الإذاعية، ودُعي إلى إلقاء المحاضرات في جميع أنحاء البلاد. ولمْ تقتصر محاضراته

على المسائل الدينية، بل تحدَّث كذلك عن القيم التاريخية للحياة، وفن العيش الصحي وتعاليم الفلاسفة العظماء – سواء من الثقافات الغربية أو الشرقية.

وبما أنَّ الدكتور ميرفي لمْ يتعلَّم أبدًا القيادة، فقد كان عليه أنْ يستعين بشخص ليقود به السيارة إلى الأماكن المختلفة التي كان يُدعى لإلقاء محاضرات فيها، وإلى أماكن أخرى في جدول أعماله المزدحم جدًا. وكانت إحدى مهام جان بوصفها سكرتيرة إدارية ولاحقًا بوصفها زوجة له، هي أنْ تخطط لمهامه وترتب حجوزات القطارات أو الرحلات الجوية، وخدمة النقل من المطار، والإقامة في الفنادق، وجميع التفاصيل الأخرى المتعلقة بالرحلات.

سافرت عائلة ميرفي بشكل متكرر إلى العديد من البلدان في جميع أنحاء العالم. وكانت إحدى عطلات العمل المفضلة لديه هي عقد حلقات دراسية على متن السفن السياحية. وكانت تستمر هذه الرحلات لمدة أسبوع أو أكثر، وكانت تأخذه إلى العديد من البلدان حول العالم.

كانت إحدى أجدى أنشطة الدكتور ميرفي التحدث إلى السجناء في العديد من السجون. وقد كتب له كثير من المدانين السابقين على مرّ السنين، وأخبروه كيف أنّ كلماته

قد أحدثت تحوُّلًا في حياتهم حقًّا وألهمتهم ليعيشوا حياة روحية وذات مغزى.

قام بجولة في الولايات المتحدة والعديد من الدول في أوروبا وآسيا. وفي محاضراته، أكَّد أهميَّةَ فهمِ قوة العقل الباطن ومبادئ الحياة القائمة على الإيمان بالإله الواحد، "الأنا".

كانت كتيّبات الدكتور ميرفي واسعة الانتشار لدرجة أنه بدأ توسيعها إلى أعمال أكثر تفصيلًا وأطول. وقد أعطتنا زوجته بعض الأفكار عن أسلوبه وطريقة كتابته. فقد ذكرت أنه كان يكتب مخطوطاته على لوح، وكان يضغط بشدة على قلمه الرصاص أو قلمه بحيث يمكنك قراءة الصفحة من الأثر الذي يتركه القلم على الصفحة التالية. كان يبدو بأنه في حالة غيبوبة في أثناء الكتابة. وكان أسلوبه في الكتابة هو البقاء في مكتبه لمدة أربع إلى ست ساعات دون أيِّ إزعاج حتى يتوقف ويقول إنَّ ذلك يكفي لهذا اليوم. وكان على هذه الحال في كلِّ يوم. ولم يكن يعد إلى المكتب مرة أخرى حتى صباح اليوم التالي لإنهاء ما بدأه. لم يكن يتناول أيَّ طعام أو شراب في أثناء عمله، لقد كان بمفرده مع أفكاره ومكتبة كتبه الضخمة، والتي كان يشير إليها من وقت لآخر. وكانت

زوجته تمنع عنه الزوار والمكالمات وكانت تتدبر أمر الأعمال في الكنيسة وغيرها من الأنشطة.

وكان الدكتور ميرفي يبحث دائمًا عن طريقة بسيطة لمناقشة القضايا ولشرح النقاط التي من شأنها أنْ توضح بالتفصيل كيف تؤثر على الفرد. وقد اختار تقديم بعض محاضراته على أشرطة أو تسجيلات أو أقراص مدمجة، وذلك مع تطور التقنيات ودخول طرق جديدة إلى مجال الصوت.

إنَّ كامل أعماله من الأقراص المدمجة والأشرطة هي أدوات يمكن استخدامها لمعظم المشكلات التي يواجهها الأفراد في الحياة، وقد أثبتت جدواها مع مرور الوقت في تحقيق الأهداف على النحو المنشود. ويتمثل موضوعه الأساسي في أنَّ حلَّ المشكلات يكمن في داخل المرء. ولا يمكن للعناصر الخارجية تغيير تفكير المرء. أي إنَّ عقلك هو ملك لك. ولكي تعيش حياة أفضل، يجب عليك تغيير عقلك وليس ظروفك الخارجية. فأنت تخلق مصيرك الخاص. وتكمن قوة التغيير في عقلك، وباستخدام قوة عقلك الباطن، يمكنك إجراء تلك التغييرات نحو الأفضل.

ألَّف الدكتور ميرفي أكثر من 30 كتابًا. وأصبح عمله الأكثر شهرة، "قوة العقل الباطن"، الذي نُشر لأول مرة في عام 1963، أكثر الكتب مبيعًا على الفور. وقد نال الإشادة بوصفه واحدًا من أفضل أدلة المساعدة الذاتية المكتوبة على الإطلاق. وقد تمّ بيع ملايين النسخ وما زالت تُباع في جميع أنحاء العالم.

ومن بين بعض كتبه الأخرى الأكثر مبيعًا كتاب الوسطاء النفسيون عن بعد – القوة السحرية لحياة كاملة، وكتاب القوانين المذهلة للعقل الكوني، وكتاب أسرار آي-تشينج، وكتاب معجزة ديناميكيات العقل، وكتاب قوتك اللانهائية للثراء، وكتاب القوة الكونية في داخلك.

تُوفي الدكتور ميرفي في ديسمبر 1981، وواصلت زوجته، الدكتورة جان ميرفي، قِسِّيْسِيّته بعد وفاته. وفي محاضرة ألقتها في عام 1986، نقلًا عن زوجها الراحل، كررت فلسفته قائلة:

أريد أنْ أُعلِمَ الرجال والنساء عن أصلهم الإلهي، والقوى الكامنة في داخلهم. أريد أنْ أبلغكم أنَّ هذه القوة موجودة في داخلهم، وأنهم المنقذون لأنفسهم، والقادرون على تحقيق خلاصهم. هذه هي رسالة الكتاب المقدس، وتسعة أعشار ارتباكنا اليوم ترجع إلى التفسير الحرفي الخاطئ للحقائق المتغيرة للحياة التي يحكي عنها.

أريد الوصول إلى الأغلبية، إلى الرجل في الشارع، والمرأة التي أثقلت كاهلها الواجبات وقمع مواهبها وقدراتها. أريد أنْ أساعد الآخرين في كلِّ مرحلة أو مستوى من الوعي لمعرفة العجائب التي بداخلهم.

قالت عن زوجها: "كان صوفيًّا عمليًّا، يتمتع بفكر باحث، وعقل مدير تنفيذي ناجح، وقلب شاعر. كانت رسالته تتلخص: "أنت الملك، حاكم عالمك لأنك والإله واحد".